AF542922

Laudetur Jesus Christus !

UNE VISITE PASTORALE

EN 1904

Dans le Diocèse de Tripoli de Syrie

(Turquie d'Asie)

Par A. MÉSERAY,

SECRÉTAIRE DE MGR DOUMANI, ÉVÊQUE DE TRIPOLI

BAR-LE-DUC

IMPRIMERIE SAINT-PAUL

36, boulevard de la Banque, 36

1904

Laudetur Jesus Christus !

UNE VISITE PASTORALE

EN 1904

Dans le Diocèse de Tripoli de Syrie

(Turquie d'Asie)

Par A. MÉSERAY,

SECRÉTAIRE DE MGR DOUMANI, ÉVÊQUE DE TRIPOLI

BAR-LE-DUC

IMPRIMERIE SAINT-PAUL

36, boulevard de la Banque, 36

1904

Rien n'est beau comme une âme toujours en lutte, mais toujours debout ; toujours harcelée, mais toujours fidèle !

C'est un ange sur la terre,
Et Dieu se complaît en elle.

(Feuilles d'Or.)

Car, rapide ou tardive, elle viendra notre heure.
Le Dieu qui, nous frappant, ne nous a pas détruits,
Veut que ce peuple souffre, il ne veut pas qu'il meure !

(P. D.)

Une Visite Pastorale

EN 1904

Dans le diocèse de Tripoli de Syrie.

Le 16 juin dernier, un landau quittait l'évêché grec-catholique, à 8 heures du matin, emportant Monseigneur, qui m'avait fait, ainsi qu'au R. P. Martinos l'insigne honneur de l'accompagner pendant toute la visite pastorale.

Nous avions voulu voyager incognito : Monseigneur s'était dissimulé sous son blanc burnous, et nous, nous avions soustrait aux regards indiscrets la crosse et tout signe extérieur qui auraient pu nous trahir : ce fut peine bien inutile. Il était facile de reconnaître le P. Martinos, le héros de Marmarita, qui se distingue par sa taille de Goliath, robuste, intrépide, vrai Syrien qui défiera là-bas tous les dangers et toutes les fatigues.

Il est un autre personnage qui, malgré sa forme svelte, et armé jusqu'aux dents (1), inspire une certaine terreur. Disparaissant entièrement sous un immense chapeau blanc, aux larges bords, que j'avais pris pour me

(1) Il est très nécessaire d'être armé, car les chemins n'accordent pas toute la sécurité qu'on voudrait. Même en plein jour, les Bédouins trouvent assez naturel, dans leur métier, de détrousser les voyageurs, et même de les tuer ; ils n'osent cependant pas s'attaquer au Clergé, car celui-ci est protégé et *respecté* par le Gouvernement Ottoman.

garantir des ardents rayons du soleil, et aussi pour me débarrasser de mon « shamsié » (ombrelle), et armé de tous les appareils de voyage, je n'aurais jamais pensé être si terrible, sans l'être réellement ! Je m'étais installé, comme tout le monde aurait fait du reste, pour voyager plus commodément. Mais les bonnes gens n'entendent pas de cette oreille-là. Car enfin, voir une figure *sans barbe et sans moustaches* surtout, c'est pour eux une *monstruosité,* c'est l'indice d'une dégradation ; en un mot, on n'est pas homme quand on n'a pas de barbe ni ne moustaches ; alors ce sont des bavardages sans fin :

« — Qu'est-ce donc ce drôle de personnage? » disent les uns. — « Il n'a pas de barbe ni de moustaches », disent les autres. — « C'est peut-être, dit un gros cossu, un « curé déposé par son évêque... »

« — Mais, non, tu ne sais rien, réplique un voisin, c'est « tout simplement une cuisinière..., ou une institutrice..., « ou une nièce que Monseigneur apporte avec lui... »

Les vieux, à barbe blanche, plus graves, plus prudents, sages comme des Socrates, disent, sur un ton guerrier, que c'est *un colonel du Roi de France* envoyé pour protéger l'évêque catholique et faire venir des soldats...

C'est donc la barbe qui les intrigue, et pour montrer combien ils tiennent à la barbe et aux moustaches, et en font l'objet le plus précieux de leur vie, voici une explication donnée par un touriste.

Les privilèges de la Barbe en Orient [1].

Une belle barbe et de très longs cheveux distinguent généralement le prêtre du laïque en Orient : les Musulmans y attachent une grande importance.

Dès que les Arabes voient un homme un peu âgé avec la barbe rasée, ils ne manquent jamais de faire

(1) *Mémoires* du Chevalier d'Arvieux.

cette imprécation : *Que la malédiction de Dieu soit sur le père qui a engendré ce visage imparfait !*

Aussi disent-ils que la barbe et les moustaches sont la perfection de la race humaine. Plus elles sont longues et fournies, plus elles sont vénérables. Ils méprisent ces barbes de chat qui n'ont que quelques poils plantés à la ligne. Ils regardent la barbe comme une partie essentielle qui constitue l'être de l'homme. Ils aiment les Capucins, parce qu'on leur a dit qu'ils la cultivent au milieu d'un peuple infini qui n'en fait point de cas et qui la rase. Quand ils en voient avec des barbes *in-folio*, épaisses comme des forêts de bois taillis : « Quel bonheur, disent-ils, pour les pères qui ont engendré des personnes porteuses de si belles barbes et de si belles moustaches ! Que les bénédictions de Dieu tombent sur eux comme une grosse pluie !... »

Quand ils voient des vieillards nouvellement arrivés avec la barbe et les moustaches rasées, on ne peut croire combien ils en sont scandalisés ; ils se disent les uns aux autres : « C'est assurément un forçat qui s'est échappé des galères. N'est-ce point qu'on l'a diffamé dans son pays, et qu'il est venu ici pour n'être point connu ? Quel visage ! il faudrait le couvrir d'immondices ! c'est une face de vieux singe ! c'est un vieux pécheur que le péché ne peut quitter ! » Au lieu que lorsqu'ils voient un homme paré d'une barbe ample et bien rangée, ils disent aussitôt : « Il ne faut que voir cette barbe pour être assuré que celui qui la porte est un homme de bien, que Dieu a favorisé de ses grâces. » Mais si un homme avec une belle barbe fait une mauvaise action, ou qu'il dise quelque parole messéante, ils ne manquent pas de dire aussitôt : « Quel dommage pour cet homme qui porte une telle barbe ! Est-il possible qu'il fasse un tel affront à sa barbe ! Quelle honte, quelle confusion dans sa barbe ! » Et s'ils se trouvent en droit de lui faire la correction, ils lui disent gravement : « Regardez votre barbe, soyez honteux de votre barbe ! respectez votre barbe ! » S'ils demandent quelque chose à un homme, ils l'en prient par sa barbe, en lui disant : « Par votre barbe, par la vie de votre barbe faites-moi cette grâce » ; et quand ils le remercient, ils se servent de ces termes : « Dieu vous allonge votre barbe, Dieu verse ses bénédictions sur votre barbe. » Une de leurs comparaisons, un de leurs proverbes c'est de dire : « Cela vaut mieux que « la barbe » ; ou : « A telle barbe, tels ciseaux. » Ce qui revient à ce que nous prétendons exprimer quand nous disons : « A bon chat, bon rat. »

En un mot, la barbe entre dans leurs discours. Ils la peignent avec les doigts par contenance ; ils la baisent par cérémonie ; ils jurent par elle, ils prient par elle, ils avertissent par elle. Un homme qui aurait la barbe d'un pied de large et qui lui descendrait jusqu'à la ceinture serait regardé comme le plus honnête homme de tout le pays, son témoignage seul serait mieux reçu en justice que celui de trente Normands.

***

Revenons à notre visite.

La voiture file à une grande allure, Monseigneur ne cesse de contempler avec plaisir les beaux paysages, la plaine immense, ensoleillée et très verdoyante, à cause du voisinage de la mer. Tripoli s'efface lentement et va bientôt se cacher mystérieusement derrière le rocheux Torbolt.

Les premiers passants que nous rencontrons sont nos amis les chameaux (1), qu'on nous signale à chaque instant ; et chaque fois qu'ils passent, je reste dans cet état d'ébahissement dont a parlé notre immortel fabuliste :

(1) En Syrie, les chameaux sont des bêtes de somme, tandis qu'en Egypte, par exemple, ils servent de montures. Sur tout le long de la route, les uns, montés sur de grandes pattes, s'avancent magistralement en dandinant leur grand cou tordu, auquel est suspendue une clochettte, ce dont ils sont fiers ; d'autres sont à terre, à genoux, l'œil terne et paresseux, et poussant un rugissement affreux dès qu'on les charge d'un fardeau qu'ils trouvent lourd.

Le premier qui vit un chameau
S'enfuit à cet objet nouveau ;
Le second s'approcha, le troisième osa faire
Un licou pour le dromadaire !

De temps en temps, de gros affendis, c'est-à-dire de gros monsieurs, semblables à des pachydermes, à califourchon sur de tout petits ânes, vont et viennent magistralement, comme des pachas revenant de la Mecque.

Dans un trajet de trois longues heures monotones, nous brûlons successivement plusieurs campements populeux et fort bruyants des Bédouins, qui à l'entrée de leurs gourbis nous regardent passer d'un œil sauvage et rapace, mais craintif cependant.

Aux champs tout le monde travaille, c'est le temps de la moisson. Sur la terre battue, est étendue l'aire commune ; les pauvres bœufs ou buffles, qui y sont attachés comme de pauvres prisonniers, tournent et retournent sans cesse ; ils ont fort à faire, car la herse est bien lourde, sur laquelle est planté un jeune héros, qui, les guides d'une main, un grand bâton de l'autre, fredonne un chant doux et plaintif du pays de là-bas, du pays natal.

Cette herse s'appelle en arabe *norage* ; c'est une planche dans laquelle sont enclavés de la ferraille et des cailloux, et c'est avec cet instrument qu'on écrase les épis. C'est bien primitif, direz-vous, mais j'ai constaté qu'il écrase extrêmement bien ; et, soit dit sans injures aux inventions, il écrase parfois mieux que nos outils perfectionnés ; ceux-ci font l'ouvrage plus vite, j'en conviens, mais l'autre le fait plus lentement, et le travail est bien fait tout de même.

Au village d'Abdè, où nous nous sommes arrêtés pour prendre un déjeuner réconfortant, il y a une boutique arabe. Poussé par la curiosité, je vais seul lui faire une visite ; je touche, comme on fait chez nous, les uns après les autres les articles pour m'assurer de leur qualité, si elle est bonne ou mauvaise. Je contemple donc à mon aise ; mais les gens n'osent plus s'approcher ; sans doute, mon chapeau à jamais célèbre et mon attirail guerrier font frissonner acheteurs et vendeurs. A ma gauche, j'entends gronder furieusement les « narguilés », qui ont l'air de me dire : « Qu'est-ce que tu fais là ?... »

Notre cocher, lui (il s'appelle Abd-el-Kader), n'a pas peur : c'est un brave des braves, digne du grand guerrier dont il porte le nom, sans le savoir. Comme il est très diligent et très aimable, pour le récompenser Monseigneur lui fait acheter une boîte de superbes cigarettes, puis on lui sert un bon déjeuner, qu'il n'a pas souvent en pareil cas, quoique la veille il ait conduit un pacha ; mais ce pacha s'est contenté de lui donner un bacchiche : ça ne se digère pas facilement. Nous, nous avons été plus larges ; outre le bon déjeuner offert, il a eu un gros bacchiche : c'était juste, il le méritait.

Je n'ai plus revu la grosse et gracieuse madame qui nous faisait délicatement chanter son monhebage ; mais en revanche, j'ai vu un pauvre vieux Turc, bien, bien vieux, probablement plus que nonagénaire ; ses dents avaient fait faillite, sauf deux vénérables qui montent encore la garde à l'entrée de la bouche tordue du bon vieux Ottoman. Il avait bien du mal à manger la pêche que l'hôtelier musulman lui avait donnée ; et ce qui faisait rire le plus, c'était la façon avec laquelle il s'exprimait : ne sachant pas l'arabe, il baragouinait du turc en faisant d'horribles grimaces.

Après notre déjeuner, pris sur une fraîche pelouse, à l'abri de beaux peupliers, nous nous sommes remis en route. Une demi-heure avant d'arriver au pied de la montagne d'Ackar, nous voyons courir dans notre direction, ventre à terre, six cavaliers, faisant des signaux étranges. Ne comprenant pas ce que cela voulait dire, je les pris pour des brigands, car il n'est pas rare de se voir attaquer en plein jour par ces gens qui infestent le pays. Vite, je prépare mon revolver pour prévenir un malheur.

Tout d'un coup, le petit élève (1) que Monseigneur avait pris avec lui, car on lui accordait quelques jours de vacances, s'écrie : « Mais ce sont des catholiques de Miniara ! »

En effet, bien loin d'être des scélérats, ces braves gens arrivent au grand trot aux côtés de notre voiture en repos, puis descendent de monture et envahissent les marchepieds de la voiture pour venir baiser la main de Monseigneur. Après avoir présenté leurs hommages respectueux, ils enfourchèrent de nouveau leurs coursiers, pour nous escorter. Voici ce qui eut lieu.

Le P. Grégorios Abou-Samra, curé de Miniara, avisé de notre arrivée, alla traduire sa joie à tous ses paroissiens, qui furent sur pied en un clin d'œil. Alors, les notables prirent leurs chevaux, descendirent prestement dans la plaine et s'élancèrent à notre rencontre en nous faisant la surprise de venir derrière nous. Comme les chemins de la montagne ne sont pas praticables aux voitures, nous avons congédié la nôtre, après avoir donné un bon bacchiche à Abd-el-Kader.

Les cavaliers nous cédèrent leurs chevaux avec beaucoup d'amabilité, et nous avons gravi la montagne avec une escorte de dix personnes. Le digne pasteur de Miniara nous attendait lui aussi, avec quelques personnes, à l'extrémité de cette route.

(1) En 1900, Monseigneur avait eu l'intention de fonder un orphelinat à Tripoli, et avait recueilli dans les villages une dizaine d'enfants pauvres, délaissés ou orphelins, qu'il avait amenés à Tripoli. C'était une obligation pour Monseigneur de compléter ses travaux apostoliques par la création de cet orphelinat. Outre que Sa Grandeur est naturellement portée vers les orphelins, elle a voulu avant tout arracher de la griffe des schismatiques la vie de l'âme et du corps de ces pauvres enfants. Cependant, faute de ressources, Monseigneur a dû y renoncer pour un temps et renvoyer ou placer ces enfants. Il en a gardé deux ou trois chez lui pour les instruire et leur servir de « bon papa », et en faire plus tard de bons chrétiens. Ce projet n'est pas abandonné, et sera repris lorsque les travaux de conversions seront terminés, et que les ressources auront augmenté.

Miniara.
Le R. P. Grégorios Abou-Samra.

Au détour d'un sentier, grimpés et rangés comme des soldats sur un rocher, et sous l'œil vigilant du professeur, les enfants de l'école entonnent un magnifique cantique arabe dont je ne comprends pas le sens, mais dont l'air doux et plaintif me semble très beau.

Le cortège épiscopal, considérablement augmenté, s'avance lentement au milieu d'une population à genoux, recevant les bénédictions de Monseigneur. Au presbytère, après avoir été respectueusement salué par tout le monde, Monseigneur, et nous aussi, nous nous sommes retirés dans l'appartement qui nous a été aménagé, afin de nous remettre des fatigues du voyage ; pendant ce temps, le P. Grégorios nous apporta des rafraîchissements, selon les usages orientaux. Car, en Orient, les visites ne se font pas sans cela. Lorsque quelqu'un vient vous visiter, l'usage est de lui offrir des douceurs, des rafraîchissements et le café réglementaire, puis enfin des cigarettes. C'est en un mot témoigner beaucoup d'amitié et d'affection, et ce serait au contraire un mépris et une insulte si on ne lui présentait rien.

Maintenant, un mot sur le P. Grégorios, curé de Miniara.

Tout jeune encore, il n'a que vingt-cinq ans, le P. Grégorios a déjà acquis la réputation d'un excellent cœur, d'un grand apôtre et d'un saint prêtre. Le traitement qu'il reçoit de Monseigneur est entièrement consacré aux pauvres ; l'argent n'est pas plus tôt placé dans le tiroir de son bureau ou dans sa poche, qu'il en sort pour aller soulager la misère. Toujours, on le voit parcourir les maisons, recherchant par-dessus tout les plus pauvres, et répandant çà et là l'encouragement et la consolation ; comme souvenir de sa visite, il laisse une belle pièce blanche entre les mains de la maîtresse de la maison. C'est ainsi qu'il donne à titre de pension, tous les mois, un méjidi (1) à une pauvre veuve. Quand ce zélé pasteur n'a plus d'argent pour continuer la charité que lui dicte son cœur, il s'en procure bien vite par emprunt, et, malgré ses dettes, il est content, sa confiance en Dieu est grande.

Pendant le Choléra.

Quand éclata le choléra, qui a fait tant de ravages, il se conduisit héroïquement et reçut de Monseigneur et de la nation toutes les félicitations qu'il méritait.

On le voyait, seul, partout, le jour, la nuit, au chevet des malheureux. Il entrait dans les maisons attaquées par le fléau, soignait les victimes, sans distinction de religion, et, seul, ensevelissait ceux qui succombaient.

Bien des fois, et cela sous les yeux des populations, on l'a vu au cimetière, prendre en main la bêche, creuser lui-même la tombe, puis prendre le défunt dans ses bras, après l'avoir recouvert de son modeste linceul, et le déposer dans sa dernière demeure. Puis se croyant seul, après avoir accompli son acte pieux, on l'a vu se mettre à genoux au pied de la tombe, sur une terre humide, au milieu des cailloux, les mains jointes, les yeux au ciel, la prière aux lèvres ; il demandait à Dieu d'avoir pitié de ce pauvre qui dormait ici son dernier sommeil. Parfois aussi des larmes tombaient de ses paupières et allaient arroser les restes du défunt ; c'était alors pour lui une grande consolation.

Toujours seul, et au milieu des ténèbres, ce jeune apôtre s'en retournait, angoissé de ne pouvoir faire davantage ; pensif, il allait... toujours... Regagnait-il sa demeure ?... non, il s'en éloignait..., et pourtant, il était harassé de fatigue, la nuit était avancée... Non, n'écoutant que la voix de sa conscience et celle de son devoir, et pour glorifier Dieu, il volait à de nouveaux dangers ;

(1) Le méjidi est une monnaie turque qui vaut 4 fr. 50.

il savait que, derrière telle ou telle porte, il y avait un pauvre souffre-douleur. Il entre, le console, et lui prodigue des soins touchants ; il le guérit, et si c'est une âme égarée, il la ramène à Dieu par sa douceur, par sa piété et par ses consolantes paroles...

Il ne cède enfin que lorsque ses membres lui refusent service, et qu'on lui fait violence.

Ainsi sont tous les prêtres de Monseigneur, qui s'est pour ainsi dire traduit en eux, et ce n'est pas un moindre éloge que nous adressons de tout notre cœur au vénérable Prélat. *Dominus conservet eum et vivificet eum !...*

***

Miniara est un charmant petit village doux et riant à l'œil du voyageur, gracieusement situé en hémicycle sur le revers d'une colline ornée de maisons blanches ou grises, aux toits plats, de forme carrée.

Se reposant dans le sein d'une vallée qu'arrosent quelques cours d'eau, le voyageur se sent impressionné, en lui se communiquent une certaine douceur et un air de fraîcheur, mélangés d'un charme très poétique.

Le Cheik catholique est venu en toute hâte nous saluer, accompagné des plus influents et suivi de la population catholique et schismatique. Cette dernière ne sait pas pourquoi elle est schismatique, car l'exercice du culte est le même que celui des Grecs-Unis. Hélas ! ces pauvres orthodoxes sont absolument abandonnés, leurs curés sont d'une ignorance telle qu'ils savent à peine dire leur messe, et même lire !

Déguenillés, revêtus de vêtements multicolores, ils s'occupent plus de leur ménage que de leurs ouailles, car il est à savoir que tous ces curés sont mariés et ont des enfants, qui succèdent parfois à leur « papa curé. » C'est triste de raconter de pareils faits, mais la honte est pour les évêques schismatiques qui détiennent avec un orgueil farouche l'autorité et qui, au lieu de se faire apôtres, exploitent et trompent à leur gré le pauvre peuple. Il n'est pas inouï de voir des soldats se présenter, les armes à la main, dans les villages et réclamer par force la dîme pour l'évêque schismatique. S'il n'y a pas d'argent, on prend sur les biens, et même... c'est la menace de la prison. C'est une bassesse que les Musulmans honnêtes ne font pas. — Mais, laissons à la plume le soin de critiquer sévèrement l'évêque schismatique, en racontant tout ce qu'il a fait.

Pendant notre court séjour à Miniara, Monseigneur s'est occupé des orphelins, des veuves, et des pauvres. Le vendredi après midi, une pauvre veuve se présenta avec un joli coq à la main ; elle voulait l'offrir à Monseigneur comme cadeau. Le curé le prit donc et le fit cuire pour le soir. Nous l'avons mangé à la santé de la bonne vieille, qui fut gratifiée très largement par Monseigneur, car le coq voulait dire une aumône.

Il est une autre veuve qui mérite plus d'attention et dont le mari est mort, il y a peu de temps, dans des circonstances que voici :

Un trait des mœurs catholiques.

Le mari de la dame en question était intimement lié avec un grec schismatique ; tous les deux s'aimaient comme des frères. Le premier s'appelait Antonios Khoury, le second Namethallah Abyad.

Namethallah Abyad revenait d'Amérique et s'était arrêté quelques jours à Tripoli pour terminer ses affaires à la douane et se préparer à rentrer chez lui. Avant de quitter la ville, il avait eu soin de s'armer jusqu'aux dents, pour défendre la fortune qu'il rapportait, dans le cas où il serait attaqué par les brigands.

De leur côté, les parents et amis de Miniara, avisés de son arrivée, préparaient une grandiose réception. Antonios, au comble de la joie, dirigeait en personne tous les préparatifs. C'était un mardi, dans les plus beaux jours du printemps. A deux ou trois kilomètres de distance hors de la petite cité, armés de fusils, parents et amis interrogeaient l'horizon pendant de longues heures... (depuis quelques jours, ils faisaient le guet),... rien ne venait... C'était à désespérer.

Tout à coup une détonation retentit dans la montagne, puis un point noir se dessina peu à peu sur la route. Tantôt ce point paraissait sur une crête, tantôt il s'enfonçait, puis disparaissait au fond du vallon. Enfin il était tout près. C'était Abyad, c'était lui depuis si longtemps attendu. Et voilà tout le monde en avant, troublant le silence de la montagne par une furieuse fusillade.

Antonios courut le premier de tous au-devant de son ami. On se rapprocha peu à peu, et enfin voilà nos deux amis qui s'embrassent et se caressent, à n'en plus finir; les parents, les amis suivaient, poussant des hourrahs de joie.

Cette allégresse ne fut pas sitôt passée qu'une sourde détonation se fit entendre, et, au milieu de la surprise générale, Antonios Khoury pâlit soudain, un flot de sang s'échappa de sa bouche, il chancela et tomba à la renverse, inanimé, baignant dans son sang.

La vie a ses charmes, mais aussi elle a de cruelles déceptions!

Décrire la scène qui suivit cet accident est impossible. Muets de stupeur, les amis et les parents se regardaient les uns les autres pendant plus de cinq minutes, tandis que le malheureux Antonios, revenu à lui, se tordait de douleur en poussant des plaintes aiguës; il souffrait horriblement.

Voici ce qui s'était passé.

Pendant que les deux amis s'embrassaient, le revolver qu'Abyad avait dissimulé sous son manteau, sans étui, avait frappé contre la crosse du fusil que Khoury portait en bandoulière. Malheureusement, la crosse du fusil alla se loger dans la poitrine, perforant un poumon, d'où une hémorragie terrible. La vie était atteinte! Il faut remarquer que le revolver chargé, au lieu d'être en position normale, était renversé, c'est-à-dire que le canon regardait le haut; d'où il est facile de comprendre comment le choc eut lieu, puisque la détente s'offrait d'elle-même à la crosse.

Revenus de leur stupeur, les amis, tous en larmes, relevèrent la victime et l'emportèrent avec des soins infinis jusqu'à sa demeure. Quant à l'auteur involontaire de cet accident, on l'emporta, lui aussi, évanoui, chez lui où l'on avait tout préparé pour la fête du retour.

Antonios, après avoir été pansé par le Docteur, mandé en toute hâte, reconnut tout son monde :

« — Mes chers amis, et vous tous qui m'entourez, dit-il « faiblement, soyez témoins de ce que je dis : Mon ami « Abyad est innocent de cet accident, que le Bon Dieu « aura sans doute permis. »

Puis se tournant vers les gendarmes, car le Gouvernement, aussitôt la nouvelle répandue, lança vite une escouade, avec un juge d'instruction, pour arrêter l'auteur de cette incomparable affaire, il leur dit :

« — Je vous en supplie, ne l'arrêtez pas, mon ami ne « mérite pas une telle rigueur ; le Bon Dieu a permis que « le revolver allât heurter la crosse du fusil pour faire « partir le coup, c'est en nous embrassant que cela eut « lieu..., la faute n'est à personne... Je vous en conjure... « ne le poursuivez pas ; je suis la victime, je fais le sacri- « fice de ma vie, je l'offre au Bon Dieu ; qu'Il dispose de « moi selon qu'Il lui plaira, que son saint Nom soit béni ! « Je demande à Dieu de bénir et de protéger mon « ami (1)... »

Il ne put achever, il était épuisé, ses forces l'abandonnaient.

Les gendarmes, visiblement émus, et même troublés par les paroles de ce mourant qui sacrifiait ainsi sa vie avec résignation et par conformité à la volonté de Dieu, s'en retournèrent raconter tout au Kaïmmacan, qui donna sur-le-champ l'ordre de ne plus inquiéter Abyad et de classer l'affaire.

(1) Ces paroles ont été traduites de l'arabe mot à mot ; c'est un homme de trente-deux ans, un pauvre montagnard, qui parle ainsi.

Le malade supplia encore de ne rien dire et exprima le désir de revoir son ami avant de mourir. Celui-ci n'osait plus se présenter ; enfin on lui persuada non sans peine que c'était un accident dont il n'était pas responsable, et que son ami le demandait pour l'embrasser une dernière fois.

Encouragé, il se rendit chez Antonios. Auprès du lit du moribond, ce fut dès lors une scène déchirante. Le mourant ne cessait de s'offrir à Dieu et bénissait son ami ; Abyad voulait demander pardon, mais était incapable de le faire, les sanglots l'étouffaient. Sous les yeux des notables qui assistaient à cette scène, Khoury prit Abyad dans ses bras, l'embrassa longuement :

« — Allons, mon cher Abyad, du courage, et ne crains
« rien, tu es innocent ; le Bon Dieu a permis tout cela, Il
« m'appelle à Lui ; qu'Il en soit béni ! Si tu tiens au par-
« don, je te l'accorde de tout mon cœur... »

Il s'arrêta, une nouvelle crise se produisit. Or le danger était imminent ; vite, le curé, qui était accouru le premier, le confessa, lui administra les derniers sacrements, et l'assista jusqu'au moment suprême. Pendant toute la cérémonie du « *départ* », la pauvre épouse était étendue inerte entre les bras des voisines, auprès du lit ; son unique enfant poussait des cris déchirants. De l'autre côté, Abyad mourait de chagrin, il étouffait par les sanglots ; parents et amis, tous pleuraient...

A un moment donné, en proie à de vives souffrances, il appelait à grands cris la mort : « Ah ! mieux vaut mourir, je serai délivré ! Je souffre ! soulagez-moi, par pitié !..... » Puis se tournant vers son épouse, il lui dit adieu, il mit la main sur la tête de son enfant, puis se signa, et, ayant tourné la tête deux fois vers ses amis, il s'endormit dans la paix du Seigneur, le pardon sur les lèvres. Cette mort fit partout une profonde impression ; les schismatiques les plus endurcis se sentirent émus et gardèrent longtemps le souvenir de cette scène de la mort très chrétienne et très édifiante de ce catholique ; plusieurs même se convertirent.

Quant à Abyad, il paya les dettes (600 fr.) de la veuve, et lui donna en outre 250 fr. pour l'aider à vivre. Depuis, il vit solitaire, triste, taciturne, tourmenté par cette malheureuse pensée d'avoir tué, quoique involontairement, son ami. Monseigneur voulut aussi contribuer au soulagement de cette famille désolée, et assura une pension mensuelle de deux méjidis à la veuve, à la belle-mère et à l'enfant.

Un trait des mœurs protestantes.

Cette histoire a été racontée pour montrer quelle est la foi et la piété des catholiques en Syrie, et le rapprochement qui se fait entre catholiques et schismatiques. Je ne m'arrêterai pas sur ce sujet, le fait suivant suffira pour tout expliquer : comment les religions fausses affaiblissent, et quelles sont les mœurs protestantes, mises en parallèle avec celles des catholiques.

Du seuil de la fraternité, vous vous heurtez brutalement au seuil de la sauvagerie.

Deux frères, du même village, tous deux protestants, venaient de rentrer d'Amérique. Le plus jeune, Nicolaï, revint au bout de trois ans avec une fortune de 10.000 fr. : ce qui est peu, mais ce qui est beaucoup aux yeux des paysans, qui le considéraient comme un *richissime seigneur.*

Le frère aîné, Kalhil, n'avait point du tout réussi et était revenu les poches vides. Nicolaï se moqua de son frère aîné, et ne manqua jamais l'occasion de lui lancer des mots fort piquants, soit entre eux, soit même publiquement. C'est avec orgueil qu'il fit construire une belle maison, organisa un beau matériel d'agriculture et augmenta son magnifique bétail. Lorsqu'il eut achevé, voyant son frère pauvre, déconcerté et mourant de faim, il feignit d'en avoir pitié et le fit venir chez lui.

Kalhil accourut en toute hâte, espérant enfin pouvoir profiter de la charité de son frère, qui ne lui confia que le poste de chamelier. Il s'en contenta et s'acquitta de sa charge avec conscience et activité et fit tout pour le mieux pour être agréable à Nicolaï. Ce dernier, au bout de quelque temps, se montra taciturne; puis, à la plus légère faute de son frère, il se mit à vomir des imprécations et des injures que le vocabulaire n'enregistre pas. Il lui disait qu'il était son domestique, et qu'il entendait bien être obéi, comme un seigneur-maître doit l'être; il lui reprochait de n'avoir rien fait en Amérique, d'avoir perdu son temps et son argent *à la débauche,* etc. C'était, à l'adresse de Kalhil, un déluge de malédictions.

Le pauvre Kalhil se taisait ; honteux et humilié si injustement devant tout le monde, il avait su gagner tous les cœurs. Bien des fois, on le surprenait, le soir, harassé de fatigue, pleurant et gémissant sur son malheureux sort.

Un jour, Kalhil avait promis à un marchand de lui porter du sel à dos de chameau. Le marché fut conclu. Kalhil empocha l'argent; le lendemain, de très bonne heure, il devait mettre ses chameaux à la disposition du marchand.

Averti de cette affaire, Nicolaï, par esprit de contradiction, s'opposa formellement à confier ses chameaux et défendit à son frère de les conduire.

« — Mes chameaux, s'écria-t-il fièrement, ne sont pas
« faits pour porter du sel à Monsieur !

« — Comment ! répondit Kalhil; mais vous faites bien
« porter à vos chameaux des fardeaux autrement lourds,
« des blocs de pierre, etc. Quel mauvais esprit vous
« inspire aujourd'hui? quel mal y a-t-il à cela?... Et
« puis, je suis votre frère, j'ai bien droit à vos égards;
« ma patience, à la fin, commence à s'épuiser !... »

Le lendemain, Kalhil préparait les chameaux, et allait partir, quand le démon Nicolaï bondit à la tête du premier chameau et tira brutalement les brides; il voulait le faire rentrer. Kalhil arrêta la fougue de son méchant frère :

« — Je suis le chamelier, vous n'avez rien à voir dans

« mes affaires. J'ai promis à cet homme de lui porter « du sel, j'ai donné ma parole, j'irai...

« — Tu n'iras pas ! hurla l'autre, écumant de rage, je « te le défends, bandit !

« — J'irai, car j'ai promis à cet homme ; je ne puis lui « refuser, j'ai son argent...

« — Je m'en moque ! Rends-lui son argent, et à moi, « mes chameaux ; arrange-toi comme tu voudras, je les « veux... Du reste, ils sont mal nourris, mal soignés ; « tu ne sais rien, tu n'es qu'un vaurien... »

Kalhil perdit patience, prit le licou du chameau et voulut le faire sortir ; mais Nicolaï, plein de feu et de rage, s'élança sur le chameau et tira sur le licou, de sorte que la pauvre bête, prise entre deux feux, poussait des cris de douleur, en imprimant à son grand cou tordu un va-et-vient continu, qui fit casser les brides, et lui permit de s'esquiver lestement.

Vaincu par tant de résistance, Nicolaï s'arma d'un bâton et terrassa son frère, qui se trouva avoir le dessous, malgré sa force herculéenne ; *mais il était trop bon du cœur*... Nicolaï s'acharnait sur sa malheureuse victime, il la massacrait de coups. Kalhil perdit enfin patience, il saisit son poignard et l'enfonça dans le ventre de Nicolaï, qui roula à terre, inondé de sang, en poussant d'affreux hurlements :

« — Tu m'as tué, scélérat ! » lui cria-t-il en rugissant de douleur.

Le meurtrier, saisi de frayeur, prit la fuite, tandis que l'autre expira peu après.

Cette triste affaire eut son écho près du Gouvernement, qui lança des cavaliers pour arrêter Kalhil ; mais, ne le trouvant pas, ils jugèrent bon d'arrêter le malheureux père, mourant de chagrin et tout à fait étranger à cette histoire ; on l'accusait d'avoir favorisé la fuite de son fils.

Il y eut un mouvement d'indignation dans tout le village devant une telle accusation improvisée ; cet homme, un vénérable vieillard, était très estimé par tout le monde, sa vie était irréprochable ; parents et amis se soulevèrent et protestèrent très énergiquement contre cette injustice.

On fit tant et si bien, qu'on obtint la liberté du père des deux belligérants, mais en versant la somme de 500 fr. ; cette liberté était achetée chèrement, mais l'honneur était sauf. Quant au fils Kalhil, il prit la fuite comme on sait, mais personne ne sut l'endroit où il s'était réfugié, et c'est aujourd'hui seulement qu'on apprend qu'il est retourné en Amérique...

***

Il y a une petite rivalité, pas très grave, mais qui n'en montre pas moins la vivacité de la foi parmi ces populations.

Miniara est jaloux de Cheik-Mohammed. Pourquoi ? Parce que Cheik-Mohammed possède maintenant une magnifique église, Notre-Dame du Sacré-Cœur, et que Miniara n'a qu'une bien pauvre et petite chaumière servant d'église où il n'y a de remarquable que le tombeau de l'ancien curé, placé sous l'autel, et qui présente la forme d'une petite tour de Babel. Quelques hiéroglyphes, incompréhensibles pour ceux qui ne savent pas l'arabe, en font tout le décor.

En effet, du presbytère, on aperçoit très bien Cheik-Mohammed, qui fait le guet derrière d'énormes rochers, et semble trôner majestueusement sans vouloir permettre au voyageur d'approcher. En dehors du groupe de maisons, le rocher le plus escarpé est dominé par la majestueuse église paroissiale. Sa blancheur, sa forme massive, son clocher élégant et de bon goût, tout cela donne au tableau un effet charmant, qui me rappelle la belle poésie de Lamartine :

Je sais sur la colline
Une blanche maison,
Un rocher la domine...
Le clocher du village

Surmonte ce séjour;
Sa voix comme un hommage
Monte au premier nuage
Que colore le jour.

Oh! quand cette humble cloche à la lente volée
Epand comme un soupir sa voix sur la vallée,
Voix qu'arrête si près le bois ou le ravin,
Quand la main d'un enfant qui balance cette urne,
En verse à sons pieux dans la brise nocturne,
Ce que la terre a de divin!

(LAMARTINE.)

C'est donc cette église Notre-Dame du Sacré-Cœur qui excite les convoitises des braves gens de Miniara. Aussi ont-ils demandé de suite à Monseigneur de leur construire une église nouvelle, semblable à celle de leurs voisins, qui se plaisent à surexciter la jalousie de Miniara en faisant retentir les airs d'un joyeux carillon.

Monseigneur leur a promis (1) ce qu'ils voulaient; de concert avec eux, il a étudié les lieux; après un court examen, il a été décidé que le terrain avoisinant la chaumière serait réservé pour l'édification de la nouvelle église; sans retard, les premiers fondements devaient être creusés.

Le Français qui assiste à ce spectacle se croit revenu au Moyen-Age, il aime à se rappeler ce qu'ont fait ses aïeux, ce doux passé lui sourit au cœur, et il se réjouit de voir ses ancêtres en ces braves gens.

Je les ai vus, ces pieux catholiques, à Cheik-Mohammed et ailleurs, hommes, femmes, enfants, le curé en tête, tout comme au Moyen-Age, faisant des corvées, charriant les matériaux, servant les maçons. Il y a un enthousiasme

(1) Monseigneur a obtenu le firman depuis déjà cinq années. Or, dans la crainte de voir ce firman expirer, il a décidé de jeter les fondements. Cette église est très nécessaire, et coûtera pour le moins de 15.000 à 20.000 francs, ce qui est une charge de plus pour Monseigneur. Il faut noter que plusieurs familles schismatiques attendent cette église pour se convertir, et j'ajoute, qu'avec ce temple sacré, on emportera *tout le village* à la cause catholique.

indescriptible : tout le monde est gai, tout le monde travaille, même la nuit, à la lueur des chandelles sautillantes, et en chantant des hymnes et des cantiques dans la douce et mélodieuse langue arabe.

Il est à remarquer que l'esprit des populations, s'affranchissant peu à peu de l'Islamisme, commence à avoir le goût des grandeurs ; à mesure que les temps avancent, on trouve les locaux trop petits, on en fait de grands, et un jour viendra (il n'est peut-être pas éloigné) où l'on verra, sur la terre de Syrie, s'élever des voûtes immenses qui s'élanceront jusqu'aux cieux. L'âme est fatiguée de l'horizon terrestre, elle veut s'élever plus haut et aller sonder de vastes horizons, aux insondables perspectives.

La journée du dimanche 19 juin a été consacrée à la visite du village tout entier ; toute la population est sur pied, et ce ne sont pour Monseigneur que des amabilités, des vœux, surtout des suppliques ; tous nous sourient et nous saluent d'un gracieux mouvement de tête : ce qui nous impressionne vivement, car ce sourire, quoique gracieux, indique quelque chose de triste, chez les uns on lit dans les yeux qu'il y a beaucoup de misère, tout le monde souffre...

Nous avons visité chaque maison, que Monseigneur a bénie, et où il a laissé « quelque chose », en souvenir de son passage.

Cette tournée est très pénible, car les gourbis sont jetés çà et là, sans symétrie aucune ; ce ne sont que des huttes de terre, bien misérables, aux murs de cailloux, empilés vaille que vaille les uns sur les autres ; elles sont basses, sans fenêtres, obscures, enfumées, quelquefois blanchies à la chaux ; le toit est plat et aménagé en terrasse.

Voilà pour l'extérieur. Pénétrons dans l'un de ces gourbis, car ils se ressemblent tous. Il faut d'abord s'incliner pour franchir le seuil ; puis, dès que l'on est entré, on ne voit plus rien, l'éclat du soleil radieux nous a éblouis, et ce n'est qu'au bout de cinq minutes qu'on peut se familiariser avec les ténèbres de ces tombeaux d'êtres vivants.

Les fenêtres, très rares (ce sont les plus aisés qui en ont, et encore ils sont extrêmement rares aussi), sont garnies parfois d'un épais clayonnage, qui empêche le regard indiscret du passant de pénétrer dans la maison ; mais, de l'intérieur, on peut tout voir sans être vu, ce qui est assez agréable.

Ce système de clayonnage, toutefois, n'est adopté que pour les maisons musulmanes ; les « madames musulmanes », n'ayant pas la liberté des femmes chrétiennes, restent ensevelies au fond de leurs tombeaux. La Sainte Ecriture parle aussi de ces sortes de fenêtres curieuses : *De fenestra enim domus meæ per cancellos prospexi* (1).

Au fond de ce gourbi, une armée de géants, de blanc revêtus, semble vous défier et vous interdire l'accès de la maison ; on dirait des momies égyptiennes, ficelées en leur coin obscur : ce sont tout simplement de grandes amphores, percées de trous, qui donnent à l'ensemble une monstrueuse forme de tête humaine. Car les habitants, par ambition, excellent dans l'art de décorer ce genre de meuble ; c'est dans le ventre creux de ces fantômes que l'on conserve le grain, la farine, et autres choses recueillies.

Il n'est pas besoin d'aller chercher des potiers *savants* pour confectionner ces amphores ; la femme s'en charge, et elle est en cela d'une dextérité remarquable. Elle choisit de la terre glaise, d'où elle a expulsé les indiscrets petits cailloux qui s'y trouvaient ; puis elle en prend une poignée, la trempe dans l'eau, et clic... clac... voilà notre confectionneuse qui, d'un air grave, pétrit sa pâte terreuse en cadence et tout en bavardant naturellement comme une pie avec ses compagnes. Quand la pâte est bien pétrie et mise en boule, elle recommence, deux, trois, quatre fois, jusqu'à ce qu'elle ait un nombre respectable de

(1) *Proverbes*, VII, 6 : « Car, étant à la fenêtre de ma maison, et regardant par les barreaux. »

boules, qu'elle empile les unes sur les autres, en donnant à sa construction la forme inspirée par son goût. Et alors, on voit peu à peu ces grands bonshommes s'élever. On dirait qu'elle prépare le « massacre des innocents. » J'ai souvent été bien tenté d'attraper quelques-unes des boules et de me mettre au poste de combat avec ces géants blancs... Mais qu'aurait dit la bonne dame? Cela aurait été pour elle l'abomination de la désolation.

Ordinairement, les maisons ne sont composées que d'une seule et unique pièce, dans laquelle logent, en un affreux amalgame, hommes, femmes, enfants, chameaux, ânes, chevaux, chiens, chats et « moustiques et scorpions. »

C'est alors qu'il faut voir ce remue-ménage, et entendre cet harmonieux concert de hurlements, de cris, de bourdonnements de bêtes, etc., etc., dans un espace étroit et obscur. Mais la partie des humains est un peu plus élevée que celle des *non-humains,* c'est la seule *frontière.*

En levant les yeux, il m'est tombé dans l'œil droit, je ne dirai pas une poutre, mais une petite branche, qui m'a fait bien mal; mais cela n'a pas duré, heureusement. J'ai pu alors contempler le plafond. Hélas! De tout vieux bois anciens, noircis, entrelacés, habillés de toiles d'araignées, c'est ça le plafond; par-dessus les branches, on a mis de la terre et des cailloux, le tout est aplani et forme la terrasse.

Auprès de la porte, à l'extérieur, le visiteur aperçoit de petits volcans, avec leurs cratères noircis, déchiquetés par les « éruptions. » Ce sont tout simplement des fours à cuire le pain de maïs.

Du pain de maïs! on fait donc du pain avec du maïs?... Mais oui, cher lecteur; il n'y a pas que les poules gauloises qui mangent du maïs, mais les bonnes gens de Miniara et des autres localités se paient le luxe de manger du pain de maïs!

La raison en est qu'il est moins cher, et les pauvres villageois sont très, très pauvres...

Juste au moment où nous passions près d'une des

maisons, j'avisai une femme qui surveillait la cuisson. Je m'approche d'elle et lui demande, par mon drogman, si je puis en goûter un peu. Aussitôt la dame me présenta un immense pain, ressemblant à nos fameuses galettes de sarrasin. La couleur jaune n'engage pas du tout à le goûter, mais n'importe! c'est une curiosité. *Tfaddal!* me dit-elle. J'en déchire un morceau et le goûte, pour le rejeter aussitôt après.

C'est fade, très fade, ce goût est très désagréable aux Européens, c'est enfin « immangeable. » Et je me demande comment les villageois en mangent ; il faut avoir un « estomac de locomotive. »

On cultive bien le blé ici, mais on le vend, et l'argent qu'on en retire sert à acheter du maïs, moins cher et en plus grande quantité, et dont ils se nourrissent, ces braves montagnards.

C'est donc avec beaucoup d'intérêt que nous visitons les maisons, Monseigneur répandant à profusion ses bénédictions, caressant les enfants : un bon mot pour celui-ci, une amabilité pour celui-là, etc. Puis cette visite fut accompagnée de nombreuses aumônes ; tous les plus pauvres ont participé à cette fête de famille, et c'était eux que Monseigneur recherchait le plus : qu'ils soient catholiques ou schismatiques, peu importe. Ce bien a eu son effet, puisqu'il a ramené beaucoup d'âmes dans la vraie foi : par exemple, l'aumône que Monseigneur a faite à une vieille aveugle, de religion schismatique, a mis le village entier au comble de la joie ; nous avons bouleversé de fond en comble ce village, c'est une conquête.

En rentrant au presbytère, nous rencontrons la figure sinistre d'un Photien : c'est un curé schismatique marié (1), qui va cacher sa honte dans une maison pour

(1) Dans ces pays de montagne, où les communications sont difficiles, les curés, seuls et isolés, menaient une vie fort pénible. Alors, pour améliorer leur situation, le rite permit de prendre des hommes mariés et de les ordonner prêtres, après les avoir instruits ; la cure était alors héréditaire, de père en fils. Cet usage tend à disparaître en Orient, grâce aux efforts constants que font les évêques catholiques.

laisser passer le cortège épiscopal ; puis nous le revoyons sortir, portant comme un crâne, sur le coin de l'oreille, sa barrette crasseuse : on dirait d'un vieux gibus qui a roulé sur les places à Paris ; il s'enfuit à grands pas, tel un sapeur qui revient automatiquement du feu.

J'en vis un autre, mollement assis sur un vieux banc, sur une terrasse : à sa bouche une longue cigarette emmanchée dans un grand tube ; et voilà mon compère soufflant un peu de ouate ; il est entouré de la « prêtresse » et des futurs petits curés, car le papa laisse sa succession, *en ligne directe, à ses « toutous.* »

Les scorpions.

J'avais exprimé, le jour même de notre arrivée, le désir de voir des scorpions ; je n'en avais jamais pu voir, sinon dans les livres ; et puisque je suis au pays des scorpions, il faut donc que je satisfasse ma curiosité, mais j'en voulais voir un *vivant.*

Aussitôt rentré de notre visite, un jeune catholique d'une charmante figure, encadrée d'une belle barbe blonde, nous en apporta un, enveloppé dans une toile très soigneusement, car, avec ces bêtes-là, il ne faut pas plaisanter. Devant nous, il déroula le paquet, et voilà notre scorpion de se précipiter vers nous, sa pince en l'air, dans l'intention de piquer ce qu'il rencontrera ; il est furieux, il court, il court... heureusement que des pinces l'ont retenu, car il était déjà sur mon coussin.

Je m'étais mis dans l'idée que le scorpion était une bête lente et petite. Je me suis trompé ! Celui que nous avions sous les yeux était de taille moyenne, dix centimètres environ de longueur ; il était noir et très vigoureux. Il y en a qui atteignent vingt centimètres en longueur, et sont de plusieurs couleurs.

Ce petit animal, dont le venin est dans la queue, porte-pince, comprend quatre parties : la tête, la poitrine, le ventre et la queue.

Mais ce qu'il y a de curieux dans cette bête, c'est que la tête, jointe et contiguë à la poitrine, porte deux yeux au milieu, et deux autres yeux à son extrémité, entre lesquels sortent deux bras, qui se divisent comme les serres de l'écrevisse; huit jambes, dont les extrémités ont de petits ongles. Le ventre est composé de sept anneaux, et la queue est divisée en sept petits boutons, dont le dernier est armé d'un aiguillon, quelquefois de deux. Là se trouve emmagasiné le venin froid qu'il jette dans la partie qu'il pique. On dit qu'ils tuent leur mère aussitôt qu'ils sont éclos, et *qu'ils font plus de mal aux femmes qu'aux hommes, et plus aux filles qu'aux femmes.*

Les scorpions qui ont sept nœuds à la queue sont, paraît-il, plus dangereux que ceux qui n'en ont que six. Ils sont très venimeux, et donnent parfois la mort; mais on en peut guérir facilement, et le meilleur moyen de se tirer d'affaire, c'est d'écraser la bête sur la plaie même(1).

Heureusement nous n'avons pas rencontré de ces petits monstres dangereux; ici, il y en a à foison, mais nous avons préféré ne pas leur chercher noise.

On se demande comment des hommes peuvent choyer d'aussi vilaines bêtes, sans se faire piquer, ou, du moins, sans que la piqûre soit sérieuse.

Ces hommes ont des membres d'acier : toute la journée se passe sous le soleil brûlant à labourer la terre, à faire les plus gros travaux de la campagne ; leurs mains sont calleuses et très rugueuses, leur peau est aussi dure que celle du rhinocéros ; alors, on conçoit facilement que, lorsque M. le Scorpion se donne le plaisir de lancer son dard, il se heurte contre ce cuir imperméable, et le mal n'est rien autre qu'un petit gonflement à la partie piquée ; ils peuvent donc prendre ces animaux sans danger, comme nous faisons nous-mêmes pour les crabes ou écrevisses.

(1) Il y a également des serpents de 3 à 4 mètres de long ; mais ils commencent à devenir rares, à cause de la chasse qu'on leur fait.

En route pour Cheik-Mohammed.

Avant de quitter Miniara, Monseigneur a visité l'école des garçons, auxquels il a fait subir un examen satisfaisant. Le professeur a été félicité, ainsi que les enfants, qui ont eu, en récompense, des bonbons et de belles images du Sacré-Cœur.

Cette visite achevée, nous sommes partis pour Cheik-Mohammed, accompagnés du P. Grégorios et de quelques notables.

Les préparatifs terminés, nous procédons au partage de nos montures, que le cheik nous a procurées avec beaucoup de goût. Pour ma part, j'ai eu la chance de tomber sur une charmante petite bête, dont la robe brune ne présente l'ombre d'aucun défaut, et qui dissimule des qualités particulières aux chevaux arabes.

Il est charmant, très coquet sous sa selle de reps, ornée de beaux glands multicolores, avec son collier de cuir recouvert d'étoffe brune. Le voyez-vous redresser fièrement sa tête, ornée d'une soyeuse crinière, les naseaux dilatés, l'oreille fine ? Avec ses piaffements réitérés, il semble dire : « Dépêchez-vous ! »

Enchanté, je saute au cou de mon dada, et me voilà, en attendant le signal, caracolant pour essayer mon compagnon, et pour m'essayer à lui. Il se réjouit beaucoup, car il n'a que 45 kilos à porter, ma personne n'est pas lourde à vingt-deux ans ; mais n'importe, laissons de côté les regards envieux et toutes ces considérations, et en route !...

— « Mâa Salamé, Mâa-Salamé ! » crient les habitants.

— « Allah yiou bareck aleckoum ! » répond Monseigneur en les bénissant tous.

Nous voilà donc en route ; longtemps encore, nous entendons les sourds grondements des fusils (1). Après

(1) Pour l'historique de la persécution, voir la brochure 1903. Ceux

une heure de descente et de montée, nous arrivons au village privilégié de Notre-Dame du Sacré-Cœur, où nous avons été très bien reçus.

L'église Notre-Dame du Sacré-Cœur.

Après les salutations d'usage, et après avoir pris les rafraîchissements réglementaires, notre première visite a été pour la nouvelle église, qui, d'après l'opinion générale, pourra compter parmi les plus belles églises de ces contrées ; pour cela il faut qu'elle soit achevée.

On y entre de trois côtés, la façade donne sur une magnifique place, qui est encore bouleversée et crevassée par les matériaux. Commencée en 1900, l'église ne s'est terminée que cette année même, seulement quant aux gros travaux, car l'ornementation viendra en son temps.

Les fidèles, étant pauvres, n'ont pu contribuer par leur offrande à l'édification de leur temple ; c'est Monseigneur seul qui s'est imposé le sacrifice de tout faire et de tout payer, malgré ses lourdes charges ; elle a coûté 25.000 francs.

A mon appréciation, cette église pourrait coûter en Europe de 80 à 100.000 francs, et même plus. On s'étonnera peut-être de ce bas prix, mais voici l'explication. Tout est à bon marché en Orient, *la main-d'œuvre ne compte pas*, ni les matériaux. Ainsi, une pierre de construction, large de 50 centimètres sur 50 de long, ne coûtera que 20 centimes ; or, pour la faire venir à dos de mulet ou de chameau, pour la tailler, la placer et la cimenter, tout cela ne dépasse pas 50 centimes.

J'ai vu cela de mes propres yeux, c'est un fait : avec 20.000 francs on peut ici se procurer ce qui en Europe coûterait plus de 100.000 francs.

La toiture repose sur de puissants piliers, dont les

qui n'ont pas reçu cette brochure, et qui désirent connaître les détails des conversions, pourront la demander ; c'est avec beaucoup de plaisir qu'on la leur enverra.

chapiteaux attendent leur décoration. La voûte, à son tour, attend la peinture, ainsi que les murs. Le sanctuaire est élevé de 40 centimètres sur le rocher même ; au fond, l'œil embrasse la magnifique « *cathedra* », ayant à ses côtés deux superbes « prothèses » ; l'autel, tout en pierre de taille, est au milieu. Monseigneur n'a pas encore consacré ce sanctuaire, car il reste beaucoup à faire, le curé l'a seulement bénit pour y dire la messe.

Pendant notre séjour, et aidé de mon confrère, le P. Martinos, et de plusieurs robustes jeunes gens, j'ai fait l'architecte ; nous avons travaillé à aplanir le terrain de l'église. En attendant le pavé, nous en avons improvisé un : prenant de la terre noire gluante, mélangée de chaux, de plâtre, etc., nous avons fait une sorte de béton ; sur cette couche nous avons passé de gros rouleaux de granit, de sorte que le sol est aussi droit qu'un plancher et aussi dur que la pierre. Il n'était pas rare de voir Monseigneur, sa tâche achevée, venir nous aider et nous encourager ; notre travail a très bien réussi.

Sur la voûte s'élève un petit clocher élégant, où est suspendue une cloche, qui s'appelle *Affifey*, mot arabe qui veut dire « chaste. » Elle pèse 120 kilos, et a coûté 600 fr. C'est dans le pays même qu'elle a été fondue ; en Europe, j'en suis sûr, elle aurait coûté le triple.

Au commencement de l'année, dès qu'elle fut en place, les habitants, qui n'avaient jamais vu rien de pareil, et tout fiers de leur cloche, sonnèrent, sonnèrent à n'en plus finir, quand soudain (l'esprit des gens n'est pas bien éveillé), la corde cassa et nos sonneurs allèrent prendre un siège par terre. Mais on ne se désole pas pour si peu...

Un brave homme monte gaillardement, décroche le battant de la cloche, et, à tour de bras, assomme la malheureuse *Affifey*, qui allait bientôt se plaindre de cette violente caresse. Le premier coup était bien, mais le second fut mortel, et la cloche fit entendre un cri d'agonisante ; ce n'était plus une cloche, mais une marmite fêlée.

Il fallait voir la figure piteuse des braves gens! Lorsqu'elle fut refondue, toujours par les soins de Monseigneur, elle fut replacée par le fondeur lui-même, qui indiqua au sonneur comment il fallait soigner la cloche ; car une cloche est une âme qu'il faut soigner, comme il faut entretenir l'âme du corps : c'est ce qu'on a essayé de faire comprendre. Ont-ils compris ? Toujours est-il que la cloche se fait entendre jusqu'à Miniara. Comme remarque générale, nous pouvons dire que c'est le style ogival qui domine, sauf le clocher, qui est un peu byzantin.

Petite visite à Edbel.

Le 26 juin, nous sommes allés au village d'Edbel, distant de Cheik-Mohammed de 20 kilomètres. Pendant notre chevauchée, nous avons rencontré un serpent, qui se faufilait à travers les hautes herbes ; nos moukres lui donnèrent la chasse, et notre *haillé* (serpent) s'esquiva fort à propos, car je crois qu'il aurait passé un mauvais quart d'heure.

Qui a vu le rocher de la ville de Constantine, en Algérie, a vu le rocher d'Edbel, que contourne une petite rivière. Ce rocher est absolument isolé, et le village apparaît au sommet, enfoui dans un bouquet d'oliviers et de quelques sapins, de sorte qu'il donne l'illusion d'une grosse tête d'homme en furie, aux cheveux touffus.

Le cheik de Cheik-Mohammed, un charmant homme d'une trentaine d'années, très fervent catholique, nous a conduits par un chemin assez doux, comparativement aux autres. Cependant c'est pénible, car il faut danser sur les rochers. Heureusement que mon coursier arabe est familiarisé ; on dirait même qu'il prend plaisir à se faire glisser, il serre ses pattes les unes contre les autres, et se laisse aller ; — très intelligent ! bravo !...

Ici et là, des pierres calcinées, des pierres ponces, quelques-unes ont des filaments aux reflets d'or. J'en ai ramassé une; avec un canif j'ai gratté ces filaments; et j'en ai obtenu une poussière dorée, très fine. Si c'était de l'or, on aurait fait main basse dessus; il n'y a donc rien de précieux. En tout cas, il est très facile de constater que ce terrain est volcanique.

Peu à peu, cette tête d'homme s'ébranle, c'est une nuée d'enfants qui dégringolent le rocher pour venir à notre rencontre. Nous sommes descendus chez le curé; c'est là que nous avons reçu tous les catholiques.

Le presbytère se compose de trois pièces : l'une sert d'église, l'autre d'école, et la troisième est pour le curé. Monseigneur aurait bien voulu rester deux ou trois jours, mais c'était impossible, à cause de l'extrême pauvreté. Pour passer la nuit, il n'y a ni lits, ni matelas, ni draps, rien absolument : de simples nattes toutes rongées, recouvertes d'un semblant de drap, c'est tout; et encore, ceux qui en possèdent sont les plus aisés, car le menu peuple couche n'importe où.

Outre le manque de matériel, il y a une grande saleté : les paysans eux-mêmes ne se lavent jamais; ils portent sur eux une odeur repoussante... Et puis, est-il prudent d'habiter parmi ces gens-là, qui, poussés par la misère, seraient tentés, non pas de voler, mais de prendre furtivement quelque chose? J'ai déjà parcouru bien des villages, mais je n'en ai pas vu de si pauvres.

Toute la journée s'est passée sous le grand arbre qui se trouve devant la porte du presbytère. Là, comme jadis saint Louis sous son chêne, Monseigneur a rendu la justice; il s'est fait tour à tour apôtre, juge, commissaire, et s'informait de tout absolument, interrogeant les plus grands comme les plus petits.

Ne comprenant rien de la conversation, j'étudiai un peu le pays. Promenant mes regards tout autour de nous, je ne vis qu'un horizon fort restreint; en somme il n'y en a pas. De tous côtés, la montagne enserre le village; il n'y a pas d'autre végétation que quelques arbrisseaux et plantations de vigne; de loin en loin, une échappée sur la plaine d'Ackar, et c'est tout. Le silence glacial et majestueux de cette région n'est troublé que par la présence de quelques oiseaux de proie et de charmantes tourterelles qui viennent près de vous, roucouler un petit air doux qu'elles continuent en allant se cacher dans leurs petites loges : *in foraminibus petræ, in caverna maceriæ.*

***

Mais laissons là tous ces détails, et abordons sans plus tarder notre Mission.

Le village est pour ainsi dire au lendemain d'une violente persécution, mais il tombe de Charybde en Scylla ; car s'il a fini de la guerre religieuse, il s'enfonce dans le précipice de la misère : misère affreuse qui exerce ses terribles ravages dans tout le pays.

C'est navrant de voir des hommes, beaux, jeunes et forts, réduits à l'impuissance, jaunis et maigris par la souffrance ; ils sont tués par le chagrin. S'ils travaillent à leurs terres, ce n'est que pour suffire à peine à leurs familles, et encore le travail n'existe pas toujours, car les brigands ravagent tout, et le Gouvernement ne fait rien pour améliorer cette situation. Les femmes ne peuvent plus allaiter leurs pauvres enfants, ceux-ci n'ont pour la plupart aucun vêtement.

Pourtant, le pauvre curé fait tout ce qu'il peut pour soulager cette misère et Monseigneur s'efforce de combattre ce fléau et celui des luttes intestines ; pour cela, il faut beaucoup de ressources, et malgré cette absence du *nerf de la guerre*, Monseigneur travaille toujours et répond ainsi aux désirs du Ciel, qui ne nous abandonne pas.

C'est un fait, il faut venir ici pour voir un miracle permanent, depuis déjà sept ans que Monseigneur est à la tête de ce vaste diocèse.

Pour commencer, Monseigneur paye les impôts de 100 fr. de la famille Tannous, qui se compose de six personnes : la mère, un garçon et quatre filles ; le père vient de mourir en Amérique, de sorte que cette perte cruelle mit la famille dans le dénuement le plus complet.

Un jour que nous étions à Tripoli, un fort et beau jeune homme se présenta à l'évêché et demanda à être introduit auprès de Monseigneur l'Evêque catholique. A ce moment, Sa Grandeur donnait audience à la très digne Supérieure des Religieuses de Saint-Vincent de Paul. On l'introduisit cependant, et il vint respectueusement saluer le prélat. Il voulut parler..... impossible ! les sanglots l'étouffèrent, et ce fut pendant cinq minutes une série de suffocations et de gémissements. Monseigneur, la Supérieure et moi, nous étions émus. Enfin, on put le calmer. Ne pouvant parler, il tira difficilement une lettre chiffonnée. Monseigneur en prit connaissance, et sut alors que son père était mort en Amérique, au moment où, après avoir recueilli de quoi faire vivre sa famille, il se disposait à repasser l'Océan. Il tomba malade, et tout l'argent qu'il avait amassé à la sueur de son front s'en était allé en remèdes. Il dut s'endetter de plus de 2.000 fr. pour se guérir..... et il mourut ! Puis les frais de sépulture augmentèrent les dettes......

Cruelle déception ! au lieu de revoir celui qui était l'espoir et la vie, et de jouir de la petite fortune au milieu des douceurs du foyer, la pauvre famille ne reçut que la fatale nouvelle.

Une pauvre veuve, cinq enfants à élever, sans fortune, sans pain, c'est une désolation. Monseigneur en fut touché. C'était, il est vrai, pour lui une nouvelle charge, mais il le fallait pour le bien de cette famille, il fallait la secourir. Or, qui pouvait mieux le faire que Monseigneur lui-même, le père de sa grande famille ?

Quatre jours après, la veuve vint à l'évêché avec ses filles. Monseigneur paya d'abord les impôts, puis emmena les orphelines chez les Sœurs de la Charité, qui les recueillirent avec beaucoup d'affection. Mais l'aînée, sachant sa mère seule et isolée, supplia Monseigneur de la laisser retourner au village :

« — Je ne serai pas si heureuse, dit-elle ; chez les

« Sœurs, j'étais bien soignée ; mais je ne puis me ré-
« soudre à rester éloignée de ma mère ; elle souffre, je
« veux souffrir avec elle. »

Monseigneur ne put qu'applaudir à ces sentiments de piété filiale. Il la renvoya donc ; puis, il assigna à la veuve 5 fr. tous les mois ; pour débuter, il lui en donna 50 afin qu'elle pût acheter des provisions.

Monseigneur a dû également payer les impôts de 60 fr. d'une autre famille, appelée Macchool (prononcez : Makroul), et lui fit également une pension mensuelle de 5 fr., somme qui servira à acheter du pain de maïs.

Le chef de cette famille est mort aussi, et a laissé une veuve et des enfants dans la misère. Les deux garçons de cette famille Macchool sont des cadavres ambulants, jaunes comme des citrons. L'aîné, Georgios, paraissant avoir quinze à seize ans environ, et son frère, Abdalhah, plus jeune de trois ans, furent appelés par Monseigneur. On essaya de les caresser, Monseigneur leur fit entendre qu'il voulait s'intéresser à eux, les loger à Tripoli, les blanchir, les nourrir, etc.

Georgios répondit par un non formel :

« — Maberid, maberid ! » (Je ne veux pas.)

Tout le monde fut fort étonné, on ne s'attendait nullement à une telle réponse.

« — Vous ne voulez pas ? dit Monseigneur ; pourquoi
« donc ?

« — Parce que je ne puis pas vivre à Tripoli.....

« — Oui, je comprends, vous préférez la vie vagabonde,
« vous avez un trop grand esprit pour vous abaisser à
« accepter ; eh bien, je ne vous laisserai pas faire à vos
« caprices, et vous m'obéirez, je vous le garantis. »

Le cheik Mellheim intervint :

« — C'est ainsi que tu réponds au bien qu'on veut te
« faire, gamin ? Je t'engage à n'être pas trop turbulent...
« Ta mère a-t-elle payé les impôts que vous devez au
« Gouvernement ?

« — Non !

« — Eh bien, s'ils ne sont pas payés dans un délai de

« huit jours, c'est là prison qui te menace, toi et les « tiens. »

Chacun parle de lui donner le fouet, mais Monseigneur continue son interrogatoire.

« — Etes-vous catholique ou schismatique ?

« — Je suis des vôtres.

« — Eh bien, avez-vous fait vos Pâques chez les « catholiques ?

« — Non, je ne les ai pas faites, pas même chez les « orthodoxes !

« — Vous êtes doublement coupable ; il faut réparer « cette paresse et vous réconcilier avec le Bon Dieu. »

Puis, se retournant vers la mère, Monseigneur l'interpella :

« — Est-ce ainsi que vous élevez vos enfants ? Sachez « que si, vous, mère de famille, ne remédiez à cet état de « choses, vous encourrez des châtiments qui ne se feront « pas longtemps attendre. Voyez ce cadavre ambulant. « C'est assez vous dire ! »

Devant de si terribles menaces, la mère s'excusa :

« — Hélas ! Monseigneur, la pauvreté nous aveugle, « nous ne pouvons rien faire..... »

On ne lui laissa pas le temps de continuer ses récriminations ; Monseigneur, en promettant de payer les impôts, gagna cette famille. Quant à Georgios le rebelle, il eut peur et vint demander un pardon qui lui fut accordé de grand cœur.

Immédiatement après cette affaire, on s'occupa d'une autre plus grave, puisqu'il s'agissait de défendre les intérêts des catholiques menacés.

Le cheik schismatique Khalil Diab (1) (mot auquel il manque un *l* et un *e* pour lui donner son vrai nom), celui-là même qui avait battu ou fait battre le curé catholique, eut la hardiesse de venir saluer Monseigneur, qui tout d'abord ne voulut pas le recevoir. Enfin, après délibération, on le reçut avec tous les égards dus à sa

(1) Ce nom veut dire « loup. »

fonction, mais avec l'intention de le tancer aimablement. Monseigneur ne lui ménagea pas les paroles piquantes, glissées dans le cours de la conversation. Khalil Diab regretta beaucoup la persécution, s'excusa et demanda enfin pardon. La réconciliation eut lieu chez lui : le curé catholique et le cheik sont redevenus de bons amis. Là, comme partout ailleurs, nous avons parlé surtout de la question du jour, c'est-à-dire de la guerre russo-japonaise. Tous les villageois se sont effrayés des premières batailles, et les escarmouches ont bien vite, à leurs yeux, tourné en désastres pour les Russes. Nous les avons consolés en leur disant que la victoire était certaine pour les Russes, et que s'ils reculaient ainsi, c'était afin d'attirer leurs adversaires et de les faire tomber dans un piège fatal, etc. Nous avons vanté les Russes, et tous nous avons prié pour leurs succès. Les dépêches que nous recevions produisirent un merveilleux effet, et firent taire brusquement les sentiments hostiles des Musulmans, favorables aux Japonais. Tout le monde fut enchanté et enthousiasmé pour les Russes. — Donc, vivent les Russes !

Nous sommes restés jusqu'au soir pour accomplir tous les devoirs de la visite pastorale, c'est-à-dire interroger les enfants sur le catéchisme, consoler et soulager les âmes.

Voyage nocturne.

C'est par un beau clair de lune, inondant de sa vive clarté le paysage couronné de fraîcheur, que nous nous sommes remis en route pour regagner Cheik-Mohammed. Nous étions tous armés jusqu'aux dents ; heureusement, nous n'avons pas eu besoin de faire parler nos armes.

Une imposante mélancolie planait sur ce morne paysage ; des reliefs, garnis d'ombre, allaient mourir au bas des collines déchirées, inondées d'une lumière mate. Ces reflets mystérieux donnent à l'âme une douceur agréable !

Dans le silence des belles nuits d'Orient, on entend seul le sabot des chevaux frappant sur le roc brillant...

Tout à coup, une silhouette se dresse à quelques pas de nous, puis une masse noire se remue lentement au milieu des buissons qui craquent.

Qu'est-ce cela?

Deux points, brillant comme deux sarments au fond d'un four, puis des cornes, puis une tête, s'élèvent soudain au-dessus des branchages, puis un beuglement prolongé, agacé, menaçant, roule d'échos en échos pour aller s'évanouir là-bas. C'est un taureau qui veut nous disputer le passage; or, ce passage avait comme largeur juste ce qu'il faut au cheval pour poser ses pieds.

Vite une grande et mince silhouette se détache de la petite troupe et prend les devants; elle va attaquer ce malotru. C'est le valeureux P. Martinos, qui, au lendemain de ses exploits, court à de nouveaux dangers avec cet air martial que prenait Don Quichotte quand il allait fièrement et bravement contre les moulins à vent. Notre taureau, sans plus rien dire, dégringole plus vite qu'il ne voulait la pente rapide, et, pouf! va se rafraîchir au beau milieu de la rivière.

Pas de montée sans descente, dit le proverbe arabe.

De temps à autre, une autre silhouette apparaît, puis disparaît dans l'ombre de la nuit, puis réapparaît au beau clair de lune; elle file au grand galop. C'est un Bédouin, fier et méfiant, qui vous lance des regards de feu, et se hâte de regagner son gourbi. Longtemps, le sabot de son cheval attaque le roc insensible, une poussière d'étincelles jaillit, le bruit des pas diminue, puis plus rien : l'Arabe emporte son mystère, et s'enfouit mystérieux dans le creux de la vallée.

Plus loin, des masses sombres, remuantes, se tortillant : ce sont des chèvres, habillées de longs poils, qui regagnent leur étable. Les précipices ne les effarouchent pas, elles prennent plaisir à les franchir d'un bond vertigineux; très légères, elles vont, elles viennent, par ici, par là, dans un beau pêle-mêle, car elles sont 50 ou 100, et même 200 à la fois. Pour guide, elles n'ont qu'un méchant petit « cowboy » de dix à douze ans. Le voyez-vous, là-bas, d'un simple signe, rappeler à l'ordre une petite vagabonde, qui veut déserter par caprice de chèvre...

Tout cela est très égayant ; ces poétiques distractions nous font oublier les brigands et la monotonie du chemin ; sans fatigue aucune, nous sommes rentrés à Cheik-Mohammed.

L'action de la Sainte Vierge.

Le lendemain soir, en allant répondre à l'invitation d'un notable, le cheik Melheim nous fit passer par un chemin bordant un précipice et qui fut le théâtre d'une intervention toute divine. Voici ce que nous a raconté le cheik :

Pendant que l'on poussait activement les travaux de l'église Notre-Dame du Sacré-Cœur à Cheik-Mohammed, les Musulmans d'un village voisin, appelé « Faïysé », construisaient une mosquée. Comme les Catholiques, ils devaient faire venir de loin les pierres de construction, à dos de chameau.

Or, un jour, on était alors en hiver (1), le chemin était impraticable ; un chameau, chargé de lourdes pierres pour les Musulmans, passa là même où nous étions, c'est-à-dire dans un chemin étroit, glissant. Ce chameau roula au fond du ravin avec tout son chargement.

Degringolavit super terram... il creva... et les Musulmans en firent leur deuil, en disant : Allah ! Allah !...

Deux heures après, un autre chameau passait, également chargé de pierres pour l'église Notre-Dame du Sacré-Cœur ; il glissa lui aussi, et roula tout chargé au fond du même ravin (il y avait 5 à 6 mètres de profondeur). Par bonheur et à la stupéfaction de tous, on

(1) Hiver de 1903.

releva le chameau sans aucune blessure; c'était miraculeux! Revenu sur la terre ferme, le quadrupède bossu reprit tranquillement sa marche sans plus de façon. Les Musulmans purent dire en toute vérité ce proverbe arabe : *Tous les chameaux marchent, excepté le nôtre qui dort !*

Oui, il dormait, le pauvre chameau musulman; quant au nôtre, ne peut-on pas reconnaître une intervention de la Reine du Ciel, qui veille sur les travaux de son temple à Elle dédié ?

Le soir même de ce jour, les fidèles, réunis dans leur église, prièrent avec ferveur; l'encens s'éleva en une légère fumée, don gracieux offert à la céleste Protectrice.

Vraiment, mon Dieu, cette prière s'élevait à vous, comme cet encens qui fumait en votre sainte présence, et vous receviez les actions de grâces de cette pieuse population. Mon Dieu, bénissez-la, ainsi que son Pontife vénéré et son pasteur si aimé !.....

Miracle ! ! !

En rentrant au presbytère, Monseigneur nous fit prendre le chemin des écoliers ; c'était une agréable petite promenade au coucher du soleil.

Tout à coup, une pauvre femme, affolée, pleurant, gémissant, criant, accourut vers nous, et supplia Monseigneur d'entrer chez elle : il y a une malade en danger de mort : c'est son bien qui s'en va, elle va mourir, c'est sa ruine; enfin, c'est l'abomination de la désolation. Naturellement, nous étions très émus : une malade qui se mourait..... il y a de quoi s'émouvoir.

Donc, nous pressons le pas afin de porter les derniers secours à la mourante.

Eh bien, elle est bonne, celle-là !... Je ne dirai pas que c'est une farce, ces bonnes gens ne savent pas en faire; c'était bien difficile de ne pas éclater de rire !...

Savez-vous qui était la mourante, cher lecteur? Eh bien, surtout ne riez pas!... c'était... c'était... une vache qui se mourait!...

Mais, dame! il fallait voir comme on la soignait : plus de dix personnes autour de sa « *chère personne.* » Les unes avec des seaux d'eau, les autres avec de la terre blanche, d'autres avec des linges, etc., etc. La maîtresse pleurait comme si c'était un être qui lui était cher. La pauvre bête, elle, couchée « *à plat ventre* », par terre, sans plus de façon, nous regarda, aussitôt que nous sommes entrés, de son œil « bête » et mourant; la langue, trop longue, pendait, à la mode canine, au coin de sa gueule fiévreuse; puis elle retourna sa tête vers le mur de la cour. Son dos était couvert d'un fameux cataplasme, une espèce de vésicatoire,... mais, oui, un gros vésicatoire!... Les « *Doctoresses* », les manches retroussées jusqu'aux coudes, étendaient de la terre blanche mouillée et mêlée de cendres; puis elles frottaient, elles massaient, et la mourante roulait comme une pomme sous l'action des mains des masseuses.

Un grognement, un rugissement parfois se faisait entendre sourdement. Le curé de Cheik-Mohammed dit à la propriétaire de mettre la vache sur ses pattes.

Alors deux zélés serviteurs prennent la bête, l'un par les cornes, l'autre par la queue, et les voilà qui tirent de leur côté; mais l'agonisante ne bougeait pas. Arrive un tiers avec un énorme bâton, et... pouf! paf! ... voilà les coups qui pleuvent, dru comme la grêle, sur le vésicatoire et sur le dos barbouillé! Au moins voilà un remède énergique! La bête ne bougeait pas! c'était à désespérer.

Soudain, une bonne vieille eut l'idée de faire bénir de l'eau par Monseigneur, qui regardait avec intérêt cette étrange médecine; remarquons que ces braves gens ont une foi aveugle en toute chose. Monseigneur accéda à son désir et bénit l'eau, puis il en aspergea la vache. Ce n'était pas suffisant, car la propriétaire ouvrit la gueule de la vache, et la vieille ingurgita l'eau bénite. C'était bien original, n'est-ce pas? mais, il est certain qu'au bout de cinq minutes la bête se releva d'elle-même, cela étonna beaucoup...

Après cette petite séance, nous avons regagné notre maison, et le lendemain, de fort bonne heure, voilà un groupe de braves gens qui vinrent remercier Monseigneur. Tous criaient au miracle. Notre vache était sanctifiée ! elle marchait !!! Allah ! Allah !... C'était vraiment curieux, au moins c'était épique. Je suis allé la voir moi-même, et de fait, je l'ai vue qui dévorait à belles dents l'herbe fraîche qu'on lui avait apportée ; elle marchait, elle gambadait, elle était radieuse, et tout le monde aussi, et moi aussi !...

On a toujours des occasions de rire en visite pastorale, en tout et partout. Au lendemain de cette comédie, j'assistais à une autre, et que Dieu me pardonne mes distractions pendant la Sainte Messe ; c'était involontairement, je l'assure.

Une pieuse dame, après avoir reçu la sainte communion des mains de Monseigneur, regagnait sa place, où l'attendait son enfant de quatre ans, charmant bébé, fort dégourdi pour son âge. Au moment du plus profond recueillement de sa maman, le marmot, grimpé sur la chaise, lui saute au cou, et lui secouant la tête :

« — Maman, maman, dis donc, ouvre ta bouche !

« — Allons, sois sage, mon chéri, dit la maman, tu sais « que le bon Jésus est là !....

« — Non, je veux que tu ouvres ta bouche pour voir « qu'est-ce que l'évêque t'a donné à manger.

« — Mais voyons donc, reste tranquille !...

« — Bien, fit l'enfant, mais surtout n'avale pas ce que « t'a donné l'évêque !... »

Un autre jour, la même dame se dirigeait vers la Sainte Table et le précoce bambin la suivit ; avec elle il s'arrêta devant l'autel. Le prêtre vint à passer, communia la mère, et passa outre. Etonné, l'enfant, au lieu de suivre sa maman, se planta au beau milieu de la nef, et s'écria très haut :

« — Dis donc, maman, pourquoi a-t-il donné à manger

« à tout le monde, et qu'à moi, il n'a pas voulu ?... Dis-
« lui qu'il m'en donne, j'en veux !... »

La mère eut toutes les peines du monde pour tranquilliser son enfant; elle fut même obligée de sortir pour éviter de nouvelles réparties aussi naïves.

Avant de partir, Monseigneur a dû régler les affaires, répandre çà et là des offrandes, payer les dettes de celui-ci, soutenir celui-là, puis résoudre les questions si difficiles des procès, enfin s'occuper de tout absolument.

C'est un travail, et c'est très fatigant. On se demande même comment Monseigneur peut parler toute la journée sans discontinuer; on admire surtout sa patience, car il est des cas où on peut démonter un homme. Humainement parlant, c'est impossible de faire ce qu'il fait ; il est facile de constater que Dieu lui donne sa grâce...

Dans ce village il n'y a pas la même misère qu'ailleurs; la population marche peu à peu vers le progrès. Si le curé va, tout va bien; aussi, avant de nous quitter, Monseigneur a eu soin de donner des recommandations, de sages conseils et des instructions pour entretenir la nouvelle église.

Départ de Cheik-Mohammed.
Un prince français chez les Musulmans !

Après douze jours de travail à Cheik-Mohammed, il nous a fallu plier bagage et partir, car d'autres populations nous attendaient.

Notre voyage s'est effectué sans incident, tantôt traversant des plaines ou des marécages, tantôt bondissant sur des rochers. Nous étions comme des Cosaques à la recherche de quelque chose; nous ne cherchions pas des Japonais, mais un abri quelconque pour nous reposer, car neuf heures de cheval c'est fatigant.

Pour rompre cette monotonie du voyage, il fallait nous égayer un peu; et nous n'avons pas tardé à trouver un sujet bien agréable, qui nous fit rire beaucoup.

Depuis mon arrivée en Syrie, je n'ai pas eu l'occasion de voir une mosquée. Or, sur notre route nous en avons trouvé une, située au haut d'une colline. Le regard se perd au milieu de ces fontaines et des cyprès, plantés çà et là sans aucune symétrie. Des Musulmanes, voilées comme des mascarades, se pavanant, silencieuses, sur le plateau, marmottent je ne sais quelle prière près du tombeau d'un prophète nommé Touleï, illustre inconnu. Les imans en leur costume multicolore vont et viennent, l'air effaré, préoccupés, suant, pouffant, soufflant, courant, gesticulant; j'avoue que leur culte est un peu bruyant. Nous savons que les croyants de cette religion ont un esprit très étroit et une intelligence très bornée, de sorte qu'il est facile de se jouer d'eux. Pour cela, nous avons demandé la permission à Monseigneur, qui nous l'accorda; nous l'avons en même temps prié de se laisser faire, et de ne pas dire un mot d'arabe. C'était afin de donner plus de cachet à notre aventure, d'autant plus que c'était très inoffensif. Il fallait rire un peu, n'est-ce pas, pour oublier la fatigue?

Le P. Martinos et moi, nous avons comploté tous les deux; nous fîmes avancer nos moukres avec tous les bagages, afin de n'être pas trahis : il faut être prudent! Puis Monseigneur enveloppa soigneusement sa soutane violette dans son grand burnous; moi, je me plaçai au milieu du cortège; le P. Martinos devait marcher à côté, et les autres prêtres en avant. Voici ce qui avait été comploté :

J'étais un prince français, résidant en Suisse, accompagné de mon évêque suisse; le P. Martinos était mon interprète, accompagné de ses officiers suisses, vêtus en ecclésiastiques pour mieux conserver l'incognito.

Ainsi organisés, nous nous sommes approchés au galop et avons mis pied à terre devant le portique de la mosquée.

Il fallait voir les yeux braqués sur moi! Un chapeau blanc, des revolvers, des appareils de voyage, un étranger sans barbe qui donne ses ordres en une langue bizarre : c'est drôle!

Vite le chef gardien, grand gaillard robuste, flanqué sur de grands pieds, en quête de bacchiche, comme une vieille belette en quête de quelques bons morceaux friands, s'empressa de venir me saluer respectueusement en tenant la bride de mon cheval. Pendant ce temps, selon nos indications, Monseigneur faisait semblant de tout examiner et d'interroger le drogman, car naturellement nous ne savions pas l'arabe, c'était convenu !

J'invitai « *mes officiers* » à me suivre, tandis que mon drogman, s'adressant au gardien, lui dit :

« — *Monsieur le gardien, ne pourriez-vous pas faire « visiter votre gracieux temple à M. le colonel prince de « X*** ?*

« — Nam, nam, maloum ! Oui, oh ! oui, certainement, « avec un grand plaisir... Tfaddal, tfaddal, me dit-il en « souriant et avec empressement, entrez, entrez, Votre « Grâce peut voir tout... »

Puis, pendant que les prêtres et moi nous échangions nos impressions en français, tout en paraissant nous intéresser au monument, notre bon Musulman demanda timidement au P. Martinos :

« — Qui est donc ce prince ?

« — Mais, lui fut-il répondu, *c'est un prince colonel du « Royaume de France. Il s'est marié tout récemment, « et comme son épouse la princesse est malade dangereu- « sement, il est venu en Orient faire un vœu pour guérir « son épouse, en visitant les monuments et les mosquées ; « et si son vœu s'accomplit, il reviendra ici même faire sa « profession et vous donner un immense bacchiche.* »

A ce mot de bacchiche, le Musulman sauta de joie. Nous avons dû observer l'étiquette musulmane, et laisser nos chaussures à la porte de la mosquée. Pendant ce temps, Monseigneur, toujours selon nos instructions, contournait tout seul la mosquée, sans y entrer.

Nous avons vu de très près le tombeau du valeureux Touleï, tombeau soi-disant miraculeux ; et comme ce Touleï était réputé prophète, on lui a élevé un monument digne de lui ; une lampe y brûle jour et nuit ; des drapeaux rouges, ornés de croissants d'or, entourent le lit funèbre; puis des objets guerriers çà et là : sans doute, ce sont les armes du prophète. Il faut ajouter que l'ensemble est assez charmant; sans être nullement de goût européen, le décorum entre bien en harmonie avec les sculptures du tombeau.

En qualité de pèlerins, nous avons fait les curieux, puis, en sortant, nous avons reçu les prosternations des Musulmans, qui nous ont offert à boire une eau excellente et très fraîche.

Le gardien me regardait avidement, attendant son bacchiche. Par malheur, un coup de vent entr'ouvrit le burnous de Monseigneur et laissa voir la soutane violette : nous étions trahis...

« — Moutrann affenndi ! s'écrie le Musulman ; mais, « c'est l'évêque ! »

Heureusement l'intelligent P. Martinos garda sa présence d'esprit :

« — Oui, assurément, c'est un évêque suisse qui « accompagne le prince ! »

En nous disant adieu, le favori de Mahomet éleva les bras au ciel :

« — Allah ! Allah ! puisse le vœu de ce bon prince se « réaliser ! qu'Allah lui guérisse sa femme, et lui donne « une longue vie, pour qu'il revienne ici chanter les « louanges de notre immortel ancêtre Mahomet, le bras « droit de Dieu, le plus grand de tous les prophètes... »

Nous ne lui donnâmes pas le temps d'achever, nous sommes repartis brusquement; tous, nous ne pouvions plus nous empêcher de rire; il était temps, car nous aurions fini par nous trahir nous-mêmes.

Pauvres croyants ! que vous êtes simples et naïfs ! votre ignorance vous fait avaler des pilules sans vous en apercevoir.

Malgré tout, nous avons pitié de vous, car si vous n'étiez pas les esclaves d'une religion ridicule, vous pourriez peut être enfin vous élever au même niveau que les autres hommes civilisés.

Restez donc dans votre corruption, et vous verrez si, après votre trépas, les bons anges viendront sur le Sirah (1) vous faire exécuter un bon plongeon, comme a dû faire votre grand-père Mahomet.

Nous avons également visité une école musulmane en plein air. Gravement et sans rire encore, nous nous sommes approchés du professeur, qui s'est levé et a abandonné son Coran pour nous saluer.

Le Coran est la seule chose qu'on apprend aux enfants : le professeur le commente à sa guise, et voilà tout le bagage littéraire et scientifique qu'on donne aux élèves. Ceux-ci, accroupis par terre, comme de petits chameaux, font le cercle autour du magister, et armés du « *calamus scribæ velociter scribentis* », ayant passé à la ceinture l'encrier cuivré, emmanché dans une longue gaine, nos marmots s'exécutent devant nous. Nous les faisons lire ; notre interprète les interroge et nous traduit l'examen, puis nous félicitons sérieusement le bon pédagogue, qui nous écrase de « Salam-Aleik », en les accompagnant d'horribles grimaces à faire fuir un régiment de diables.

Après cette intéressante récréation, nous sommes repartis au grand trot, car il fait bon maintenant, le soleil se couche, la fraîcheur nous accueille avec bienveillance, nous devons être à Safita avant la nuit ; nous apercevons déjà le vieux donjon, qui s'élève au dessus de la ville.

Cette fois-ci nous avons été reçus plus simplement que l'année précédente, parce que nous n'avions prévenu personne, à l'exception des curés, qui venaient tous les soirs sur la route. Mais, malgré notre arrivée subite, la population ne voulut pas rester indifférente ; des coups de fusil furent tirés en l'honneur de Monseigneur.

(1) Le Sirah, dit le Coran, est un pont large comme le tranchant d'un rasoir, sur lequel passent les âmes, qui, si elles sont trop chargées de péchés, font le plongeon.

Beurge-Safita.

C'est ainsi que nous sommes arrivés à Beurge, sans trop de fatigues ; nous avons été logés durant notre court passage chez une famille très catholique. La raison pour laquelle nous n'avons pas été au presbytère, c'est que le curé, le P. Boulos Azrack, est rentré au couvent du Saint-Sauveur. Il était fatigué, brisé par les travaux d'une carrière mouvementée, et a demandé à Monseigneur d'accepter sa démission ; il sera, je pense, remplacé par un autre prêtre du même couvent, et ainsi, nous aurons pour Beurge-Safita seulement trois ou quatre prêtres.

Les brigands nous saluent. — Nos précautions.

Notre arrivée à Safita fut marquée par un incident qui aurait pu nous coûter cher, et à Monseigneur tout le premier.

C'était un lundi, vers 4 heures du soir. Six cavaliers, d'aspect sinistre, armés jusqu'aux dents, arrivèrent au galop, et descendirent de cheval au bas du perron. Les paysans, causant sur la place en attendant la sortie de Monseigneur, furent quelque peu étonnés de cette brusque apparition. Un de ces étranges visiteurs, qui paraissait être le chef de la bande, invita les siens à le suivre, s'élança dans la galerie, et sans plus de façon demanda :

« — Où est l'évêque ? »

Puis, sans attendre la réponse, il pénétra, toujours suivi des siens, dans l'appartement où se trouvait Monseigneur, en ce moment entouré de son clergé, des enfants et de plusieurs personnes de la paroisse ; il disait son bréviaire.

Remarquons qu'au rite grec, la récitation du bréviaire présente quelque chose de mélodieux ; rarement les prêtres le récitent seuls, c'est toujours en commun; lorsqu'ils sont nombreux, ils se divisent en deux camps : pendant que l'un récite les versets, l'autre fredonne très doucement, et vice versa. L'effet en est merveilleux, surtout lorsqu'il y a de belles voix.

L'âme française se sent émue, et se rappelle la piété de ses ancêtres. Encore ici, comme jadis au Moyen-Age, le peuple accourt, ainsi que le faisaient nos dévots aïeux : tous assistent à l'office divin, dont l'éclat est rehaussé par la présence du Pontife; tout le monde chante et récite les psaumes sans lire, *car on sait tout cela, on l'a appris par cœur*, et alors l'âme entre pour ainsi dire en relation solennelle et directe avec Dieu. Cet office se répète tous les jours, et tous les jours ce sont les mêmes pensées supérieures qui vous occupent.

Elance-toi, mon âme, et d'essor en essor,
Remonte de ce monde aux beautés éternelles,

. . . .

Et, toujours aspirant à des splendeurs nouvelles,
Crie au Seigneur : « Encore, encor ! »

(LAMARTINE.)

Qu'il est beau le rite oriental ! Demandons à Dieu, de toute notre âme, de délivrer ce beau rite des chaînes qui enserrent sa splendeur, inconnue dans le nôtre.

Nous disons donc que les brigands avaient envahi notre appartement. La prière s'interrompit, et un profond silence se répandit dans toute l'assemblée. Monseigneur, sans se déranger, lança sur ces étrangers des regards foudroyants.

En façon de souhaiter le bonjour, ils demandèrent de l'argent :

« — Qui sont ces gens-là ? » demanda en français Monseigneur.

« — Je ne sais pas, répondit le P. Martinos ; ils n'ont « pas bonne figure... »

Puis on les interrogea, et on ne put obtenir que des réponses vagues. Monseigneur était très impatient, et allait s'emporter, quand soudain le chef brigand fit signe au P. Martinos de sortir avec lui, et lui parla à voix basse. Voici ce que rapporta le Père :

« — Ce sont des individus, dit-il à Monseigneur, « qui viennent demander de l'argent, pour soi-disant « délivrer un des leurs que le Gouvernement a mis en « prison.

« — Dites à ces insolents, répond Monseigneur, que je « n'ai pas d'argent à leur donner... »

Sur ces entrefaites, je rentrais, car j'étais au jardin pour cueillir des fleurs.

Leur physique me fit une très mauvaise impression ; je demandai qui étaient ces étrangers. On me répondit précisément ce que j'avais pensé : des brigands. Vite je saute sur mon revolver, et vais me placer à côté de Monseigneur, pour faire feu, sur un signe de lui, s'il y a nécessité ; puis le P. Martinos appela tous les plus forts gars du pays et les fit entrer.

Devant cette attitude défensive, nos brigands eurent peur sans doute, car, après avoir fait un semblant de salut, ils dégringolèrent quatre à quatre les escaliers, enfourchèrent leurs chevaux et disparurent dans la montagne. Je sortis aussitôt avec quelques-uns pour faire patrouille, afin de nous assurer qu'il n'y avait pas de guet-apens.

Monseigneur gronda un peu tout le monde, mais surtout ceux qui étaient en bas. Pourquoi n'avait-on pas avisé, et pourquoi les avait-on laissés entrer ?

Il est évident que les gens ont été électrisés par tant d'audace. Le danger était grand, car un coup de poignard est bien vite lancé, ainsi qu'un coup de revolver.

C'est ainsi qu'un évêque dans une ville d'Orient, il y a de cela quelques années seulement, fut tué d'un coup de poignard. Un individu vint demander l'aumône au prélat, qui lui donna un bacchiche, c'est-à-dire 0 fr. 60 centimes. Le mendiant, trouvant que c'était trop peu, tira son poignard et l'enfonça dans la poitrine de l'évêque, qui mourut sur-le-champ (1).

La circonstance était donc la même, il y avait bien lieu de craindre et de prendre des mesures énergiques. Mais pareil incident ne se renouvellera pas, car désormais toute personne qui se présentera là où sera Monseigneur devra se faire annoncer, dire son nom ou remettre une carte. Du reste, les choses se passent ainsi à l'évêché, où l'étiquette est fort sévère. C'est très juste, d'ailleurs, et très prudent.

Au lendemain de cette histoire, nous recevons une bonne nouvelle qui réjouit grandement le cœur de Monseigneur, et le nôtre en même temps. *Un village de 200 âmes vient de se convertir.* Dieu, dans ses décrets divins, se sert souvent de moyens matériels pour amener ses créatures au vrai bonheur.

Ce village s'appelle *Cessnié,* et voici comment s'est faite la conversion.

Il faut noter que la population est absolument abandonnée depuis fort longtemps, qu'elle est grevée d'impôts et en butte à la haine et au pillage des brigands ; elle se trouve dans une misère effroyable, une misère qui ne peut se définir ; si on n'a pas été témoin de cet état de choses, on ne peut s'en faire une idée ; en voyant ces pauvres gens, on croirait voir des *morts vivants.*

Un propriétaire (2) de ce village avait, en mourant, légué à l'évêché grec-catholique de Tripoli la moitié de son pressoir à olives : don qui, dans sa pieuse pensée, devait être un tribut de son hommage respectueux et une marque de soumission à la Sainte Église Romaine. Qu'elle est éloquente cette âme dans sa simplicité !

(1) Cet incident a été connu jusqu'à Beyrouth, et partout se répandit *la nouvelle que Monseigneur avait été assassiné.* Tout le monde crut à ce bavardage, si bien que la famille de Sa Grandeur télégraphia au Vicaire Général pour savoir si cette nouvelle affreuse était vraie. Mais on la rassura tout de suite. Ce furent les schismatiques qui répandirent ce bruit. Toutes les populations étaient déjà dans la consternation. Il a fallu que Monseigneur se montrât pour les calmer.

(2) Il s'était converti tout récemment, et était venu se fixer à Beurge ; il mourut très fervent catholique, et sans enfants.

Le tout était évalué à peu près deux cents francs.

Or, les parents étaient extrêmement pauvres et les revenus de ce pressoir leur auraient été un bien grand soulagement. Comme ils avaient entendu dire que l'évêque catholique était très bon, et aimait par-dessus tout les malheureux, ils lui envoyèrent une députation pour lui demander s'il voulait leur céder ce pressoir :

« — Sans doute, dirent-ils, notre parent a eu là une « très excellente pensée. Mais si le légataire devait faire « du bien, c'était à nous, qui sommes pauvres, et partout « opprimés. Nous recourons à Vous, comme à notre Père; « nous sommes vos enfants. Oh! nous vous en supplions, « ayez pitié de nous! Nous sommes opprimés!... »

Monseigneur ne leur laissa pas le temps d'achever, son cœur d'apôtre s'attendrit, il les bénit, leur parla très paternellement : il était le vrai père, et le père qui pleure sur la misère de ses enfants.

Monseigneur ne garda rien, il sacrifia tout et leur offrit ce legs pour la plus grande gloire de Dieu. Ce fut un enthousiasme indescriptible.

« — Voyez, s'écrièrent-ils au comble de la joie, voyez « ce que fait pour nous l'évêque catholique! Qu'il est « grand devant Dieu! Nous le bénissons et nous voulons « rester ses enfants... »

De tous côtés les pétitions volèrent, et de ce fait 200 schismatiques se sont convertis à la foi catholique.

C'est ainsi que Monseigneur emporte les places, met l'évêque schismatique dans le plus grand désarroi, et attire à lui tous les cœurs.

Il leur a promis un curé, une église, une école, etc. Il fera cela; mais comment? C'est le secret de Dieu qui pourvoira aux nécessités de son œuvre, puisqu'elle est sienne.

Un misanthrope.

Le mardi 28 juin, le soir de cette journée mouvementée, nous avons été dîner chez le P. Nametallah.

Parmi les convives, j'ai remarqué un brave homme, un vrai misanthrope. Il paraissait très gai et très *sociable*, contrairement à son habitude. Il a le don de faire rire malgré lui, ce qui n'est pas donné à tout le monde.

Accroupi dans son coin, un peu dans l'obscurité, nous ne savions pas qu'il était présent, quand le P. Nametallah apporta une lumière. C'était une apparition : le nez, la bouche, la langue, le front, les yeux, les oreilles, tout était en mouvement constant.

Le P. Martinos me dit tout à coup :

« — Avez-vous vu le tableau?

« — Non, fis-je.

« — Eh bien, regardez là-bas à droite, vous verrez un « beau monstre ! »

En effet, je vis cette bouche béante, cette langue tirée, ces yeux qui nous fixaient avidement...

« — *Ktir taïeb,* lui dis-je, *quif sarteck?* » (Comment allez-vous ?)

Un cri rauque, une sorte de grognement nasal sortit de cette bouche : « *Mobsoute, taïeb, juskrouallah!* » A cette réponse, tout le monde rit aux éclats. Notre homme riait comme nous, sans savoir que c'était de lui qu'il s'agissait. Et pour le dérouter, je montrai du doigt notre moukre, qui, heureusement, à ce moment-là, faisait une grimace de singe pour casser avec ses dents un noyau d'abricot. Le misanthrope se tourna alors de son côté, et lui fit un gentil petit sourire. Ce fut donc lui qui égaya notre festin. Il est vraiment regrettable que je n'aie pas eu à ma disposition un appareil photographique : c'était un vrai type de beauté à prendre. Sa façon d'agir, de parler, de se surmener, de s'inquiéter de tout, présente bien le caractère du *Misanthrope* de Molière :

Dans le monde, à vrai dire, il se barbouille fort,
Partout il porte un air qui saute aux yeux d'abord,
Et lorsqu'on le revoit après un peu d'absence,
On le retrouve encor plus plein d'extravagance.

(*Misanthrope,* Acte III, Sc. IV, 571.)

Résultats d'une Ordination.

Le dimanche 3 juillet, les paroissiens de Beurge eurent l'insigne honneur d'assister à une Ordination. Monseigneur conféra les Ordres mineurs à un jeune homme, ancien converti. Cette Ordination va nous valoir de 100 à 200 conversions. Ce nouveau lévite est un gros fermier, très influent, assez riche ; ses propriétés lui rapportent de quoi le faire vivre. Comme il est fort instruit et d'une intelligence rare, en même temps que zélé, l'évêque schismatique avait déjà tenté de le prendre dans ses griffes, et lui avait promis monts et merveilles. Le futur prêtre (1) resta sourd à ses appels, et répondit par ce seul argument :

« — Je n'ai qu'un chef, Mgr l'Evêque catholique ; c'est « à lui seul que je dois obéir ! Quant à vous, vous n'avez « rien à faire avec moi, je vous engage beaucoup à me « laisser tranquille. »

De leur côté, les schismatiques qualifient la conduite de Monseigneur de « *sainte politique.* » En cela, ils disent vrai : c'est en effet une sainte politique, et qui réussit à merveille, au détriment des évêques orthodoxes. Le choix des jeunes lévites est excellent, car tous les nouveaux prêtres, sans être des docteurs en théologie, sont cependant instruits, capables de soutenir des controverses. Ajoutons qu'ils possèdent des qualités qu'on ne rencontre

(1) En 1902, les prêtres de Safita l'avaient envoyé à l'évêché et avaient demandé à Monseigneur de l'examiner et de lui conférer le sacerdoce s'il l'en jugeait digne. Monseigneur ne répondit rien, étudia en effet ce jeune homme, et l'éprouva sévèrement pour s'assurer de la stabilité de sa vocation. Après l'avoir renvoyé, il lui donna l'ordre de se raser la barbe. Il obéit et regagna son village, résigné, silencieux, et se remit avec ardeur à l'étude de la théologie. Tout le monde admira cette humilité, cette douceur, quoique quelques-uns s'en soient moqués un peu. Aussitôt que Monseigneur fut arrivé à Beurge, tous ses amis parlèrent en sa faveur, et, après un minutieux examen, il reçut les Ordres mineurs, puis il est venu à l'évêché pour se préparer par une *retraite de trente jours*, à la fin de laquelle Monseigneur l'éleva à la dignité sacerdotale.

pas chez les prêtres schismatiques : avant tout laborieux, jaloux du bon renom de leur église, ils viennent à l'évêché et y passent des mois entiers dans le silence et la retraite, sous la haute direction de Monseigneur.

Nous avons à l'évêché un jeune et excellent prêtre, âgé de trente-cinq ans à peu près, le *R. P. Bacha,* qui, outre sa fonction de secrétaire arabe, est le professeur de théologie des nouveaux prêtres. C'est *un savant* de premier ordre, auteur de plusieurs publications qui ont été traduites dans la plupart des langues européennes, et S. M. le Roi de Suède et de Norvège l'a déjà honoré de sa royale protection. En ce moment, le P. Bacha fait des recherches sur les origines des Grecs-Melchites, recherches qui ont abouti jusqu'ici à d'heureux résultats.

Que faut-il conclure de tout cela ? C'est que Monseigneur répond ainsi aux desseins du Ciel ; par son travail incessant, il accentue cet incroyable mouvement de conversion ; les épreuves passées, Dieu a voulu montrer à son auguste serviteur ce qu'un faible peut faire contre la puissance et l'orgueil des hommes, et la faiblesse de ceux-ci contre l'autorité de l'Église.

Musulmans, juifs, schismatiques, tous doivent s'incliner malgré tout devant cette nouvelle puissance avec laquelle le R. P. Barnier, de la Compagnie de Jésus, avait jeté de solides fondements. Il voulait relever ce diocèse : il y est arrivé, au point qu'il est mort à la peine. Connaissant à fond l'esprit de la nation, et la déchéance progressive des prélats schismatiques, ce zélé missionnaire a beaucoup travaillé lorsqu'il fut question d'ériger le vicariat patriarcal en évêché. C'est alors que les suffrages tombèrent sur l'éminent Vicaire Général de Saint-Jean d'Acre, qui était bien loin de s'attendre à l'épiscopat. Le choix ne pouvait être plus heureux. S. B. Mgr Grégoire-Youssef Ier, en appelant à ce poste aussi difficile le R. P. Joseph Doumani, savait lui aussi ce qui arriverait. Et en effet, les résultats ont surpassé les espérances.

Le P. Stefanos, ce jeune prêtre dont il est question

plus haut, va être envoyé au village de Cessnié; là encore le champ est vaste, et le zélé pasteur augmentera les consolations de Monseigneur. *Laudetur Jesus Christus.*

La famille Bachour [1].

Le clergé de Safita a trouvé dans cette illustre famille, sinon directement, du moins indirectement, un puissant appui. Comme toujours, ses représentants sont venus saluer Monseigneur, et lui ont montré encore plus d'amitié que les années précédentes. Trois fois, durant notre séjour à Beurge, nous avons reçu leur visite. Ont-ils fait de même avec leur évêque schismatique? Nullement; lorsqu'il est venu au commencement de l'année, ils l'ont reçu très froidement, et ne se sont même pas dérangés pour lui rendre sa visite.

Aujourd'hui, au moment même où ma plume inexpérimentée relate ces faits, j'apprends que l'évêque Basile se disposait à aller visiter Beurge, Tannourin, et autres localités, mais les divers représentants lui ont envoyé un grec-schismatique, porteur d'une lettre officielle. Dans cette lettre, il *était déclaré formellement que sa présence, étant bien inutile, serait la cause d'un massacre, et que par conséquent les notabilités du district lui enjoignaient de rester chez lui, et que s'il venait malgré tout, il répondrait devant Dieu et devant les hommes de tout le mal qui arriverait.*

C'était très net, il n'y avait pas à récriminer; aussi, l'ineffable Basile, furieux, écumant de rage, rentra chez lui, mais dans le dessein de se venger. Il se vengea en effet; mais ce fut fini pour les Bachours, car ceux-ci se séparèrent à tout jamais de leur évêque. Depuis longtemps, il y avait quelque chose de tendu sous le voile; j'ai découvert le mystère.

Basile, à la faveur de la nuit, lança une bande de ses

(1) Voir, dans la brochure de 1903, l'historique de la terrible persécution qu'a subie cette grande famille chrétienne.

affiliés sur les propriétés des notables de Safita pour brûler les blés et les autres récoltes; les dégâts se sont chiffrés *par milliers de francs; par respect pour la religion*, les victimes de ce brigandage n'ont jamais voulu dire le chiffre du désastre. *Voilà ce à quoi s'occupe un évêque schismatique!* Son action infâme n'a pas besoin de commentaire.

Un reproche très amer, *voisin d'une terrible menace*, a été fait à Basile. Les Bachours sont plus que jamais indisposés contre lui, et il y a tout lieu de s'attendre à une grave émeute, dont le résultat sera en faveur de Monseigneur, qui travaille de tout son pouvoir pour éviter l'effusion du sang.

Puis, peu après toutes ces affaires, c'est-à-dire au moment de quitter Beurge, Monseigneur a converti deux familles protestantes, jadis très fanatiques, et dont une possède un garçon qui va se faire religieux.

C'est fort consolant, et c'est avec la joie au cœur que Monseigneur est parti au-devant d'autres victoires; puis, l'Ordination du P. Stéfanos les a tellement enchantés, que les principaux ont tenu à nous accompagner jusqu'à Tannourin.

Tannourin.

Ils nous ont rendu là un grand service. Les chemins sont très mauvais, nous ne connaissions pas bien la route; ils ont donc été pour nous des guides fort appréciés.

En stationnant au bord d'une rivière, nous avons fait connaissance avec des brigands, qui paraissaient n'être pas bien farouches, mais brigands tout de même de la pire espèce.

Nous avons appris qu'ils avaient pris part aux récents événements de Beyrouth (1) pour défendre les chrétiens.

(1) L'année dernière, j'ai assisté moi-même à cette terrible émeute qui éclata à Beyrouth. Bien que la ville fût gardée militairement, je sortais tous les jours, soit pour le service de Monseigneur, soit aussi par curiosité. En descendant près du port, au coin d'une rue, un

Le Gouvernement les recherche, voilà pourquoi ils errent çà et là, et restent, jour et nuit, armés jusqu'aux dents. Naturellement, la conversation s'engagea sur ces événements, puis Monseigneur leur donna tout paternellement des conseils pour ne plus s'engager dans de pareilles échauffourées.

Mais l'un des brigands répondit :

« — Vous autres catholiques, vous prêchez une morale « excellente, nous l'avouons ; cependant, nous ne pouvons « l'appliquer, car nous ne faisons que nous défendre. Je « ne puis vous promettre, Monseigneur, de suivre vos « sages conseils ; c'est une règle : toutes les fois qu'un « chrétien sera attaqué, catholique ou non, nous irons le

chrétien stationnait avec son bazar ambulant, quand soudain quatre musulmans sortant d'une cachette s'élancèrent sur lui et le massacrèrent à coups de couteau. Vite, aux cris du malheureux, les soldats arrivèrent et arrêtèrent les coupables, dont l'un réussit à s'évader. Mais son châtiment ne tarda pas.

L'enfant de la victime (il paraissait avoir à peine douze ans, mais était très robuste) résolut de se venger. Je l'ai vu prendre un poignard, l'aiguiser, et ensuite le dissimuler sous ses vêtements. Il chercha l'assassin de son père, et finit par le rencontrer près de la scierie mécanique. Le musulman était accroupi et occupé à donner à manger à son chameau, quand tout à coup l'enfant lui sauta sur le dos, qu'il troua de cinq coups de couteau.

Sa vengeance assouvie, l'enfant essaya de se sauver, mais les soldats en patrouille l'empoignèrent et l'emmenèrent au Sérail. Quant au musulman, il succomba à ses blessures. Vite je rentrai, ému et bouleversé, raconter tout cela à Monseigneur. Je tremblais d'émotion, et la sœur de Monseigneur dut me donner un cordial pour me remettre.

Un autre jour, je passais tout près du Collège patriarcal : la rue était déserte, il y avait seulement un groupe de jeunes Turcs, qui semblaient comploter. Ils me laissèrent passer sans rien dire ; mais j'eus à peine fait quelques pas qu'ils m'insultèrent en me disant : *Calbé ! Krouri*, « chien de prêtre » ; etc., etc. Je compris que c'était à mon adresse. Vite je fais demi-tour à droite, et marche droit sur eux sans sourciller ; or, ils étaient sept jeunes gens.

« — *Chousmack ?* (comment vous appelez-vous ?) leur dis-je, *Calbé ! « crouri, taïeb, ama tellò Consoul frança, ama Frannçaouï* (très bien ! « je suis Français, et je le dirai au Consul de France). »

Tout en disant ces mots, je levai mon parasol et en enfonçai la pointe dans les côtes de l'un d'eux, qui poussa un gémissement ; puis, me démenant comme un diable, je frappai les autres, et les mis en fuite. Généralement *ces gens-là sont lâches*, mais j'avais tout de même un peu peur, et je m'esquivai, craignant, avec raison, de tomber dans un guet-apens.

« venger. Voilà pourquoi nous avons agi de la sorte à « Beyrouth..... »

« — Mais, lui répond Monseigneur, vous n'êtes pas « chargé de châtier, Dieu seul punit les coupables, soit « en ce monde, soit dans l'autre. Et puis, il y a le Gou« vernement qui fait son devoir. Si vous tuez les Musul« mans, ceux-ci riposteront, vous vous vengerez, et voilà « une guerre déchaînée, injuste et sans fin.

« — C'est vrai, Monseigneur, mais cette affaire ne « regarde que Dieu et nous. Nous ne pouvons pas nous « résigner à attendre la justice d'un gouvernement qui « fait lui-même l'injustice; mieux donc est pour nous de « faire justice..... »

Puis, détournant la conversation, il se mit à parler de la guerre russo-japonaise.

Une heure après cette rencontre, nous avons fait notre entrée triomphale dans Tannourin. Le curé nous attendait avec son nouveau vicaire; les enfants tenaient en main des branches d'olivier; les hommes étaient armés de fusils, d'autres brûlaient de l'encens, d'autres chantaient des *Hosanna! Hosanna!.....*

Notre entrée à Tannourin ressemblait à s'y méprendre à celle de Notre-Seigneur dans Jérusalem : c'était très pittoresque. Ceux qui ont lu l'Evangile du dimanche des Rameaux, qui relate cette entrée, peuvent se faire une idée de notre réception : c'était la même chose, sauf que, au temps de Notre-Seigneur, on ne connaissait pas encore la poudre à canon.

Mon cheval, étonné de tout ce remue-ménage, se cabre, et manque d'écraser un enfant. Aussitôt, je fais passer hommes, femmes, enfants devant moi afin d'éviter tout accident. Les prêtres restent à l'arrière avec Monseigneur et moi, et c'est ainsi, la croix en tête, que nous sommes descendus chez le Curé.

C'est ici que nous avons passé les plus mauvais jours de notre visite pastorale. Les puces sont enrégimentées chez notre hôte, avec les sempiternels moustiques; puis l'odeur très désagréable que portent sur eux les villageois nous suffoque. Il faut cependant prendre notre patience à deux mains, et offrir notre sacrifice au Bon Dieu.

Si nous ne sommes pas morts de faim, nous avons eu de la chance. Figurez-vous qu'il y a chez ces gens un peu, même beaucoup d'égoïsme, que la plupart d'entr'eux ont été chercher au delà de l'Océan. Ils annoncent à grand fracas qu'ils vont tuer un superbe mouton pour inviter Monseigneur et sa suite. Les bouchers improvisés, armés de coutelas, commencent l'opération sur l'innocente victime qu'ils font ensuite cuire en plein air ; mais la fumée vient nous visiter et nous suffoque : nous ne disons rien.

Eh bien ! le mouton,... le fameux mouton... car nous ne nous en sommes pas aperçus, il s'est éclipsé. Quelques noires côtelettes, toutes graisseuses (*car la viande avait fondu !*), enfouies dans une montagne de riz mal cuit, qui lui-même est empilé dans un grand plat, ressemblant aux docks des transatlantiques : on peut nous prendre pour des gargantuas ! A Monseigneur et à moi, on donne des fourchettes quelque peu argentées, les autres se servent des fourchettes du père Adam. Ici, on n'est jamais moins civil ni moins propre qu'en mangeant !

C'est écœurant ! *Shoking !!!*

C'est pourquoi nous sommes restés deux jours seulement. Mais, malgré notre court séjour, nous n'avons pas perdu notre temps, et notre travail s'est vite fait. C'est dans la chambre modeste du Curé que Monseigneur a reçu les Catholiques et tous ceux qui venaient le visiter.

Cette chambre sert également de chapelle, car les Schismatiques, en gens honnêtes et consciencieux, se sont emparés, il y a de cela huit ans, de l'église et de tout ce qu'elle contenait. Un procès avait été intenté pour réparer cet outrage ; mais Monseigneur, plus habile, a laissé les vainqueurs jouir momentanément de leur victoire, sans les inquiéter, car il va leur jouer un de ces tours qui comptera pour les autres.

En visitant les Catholiques et les Schismatiques, nous

avons été voir aussi les malades, qui souffrent, par terre, sur de simples nattes, sans remèdes, sans médecins, sans aucune consolation ; leur état fait peine à voir. Monseigneur les a aidés un peu, puis leur a donné des conseils pour tâcher de se guérir eux-mêmes ; il les a bénis et s'est retiré le cœur navré à la vue de tant de privations et de misères.

Il est une famille catholique que nous avons visitée, et qui se distingue par son originale antipathie pour les Schismatiques. Un des enfants de cette famille s'appelle... « Latin. » Nous avons donc vu Latin, et Latin a été enchanté des caresses de Monseigneur, qui demanda pourquoi on avait appelé l'enfant « Latin » ; car, enfin, c'est un bien drôle de nom. Les parents, premiers convertis au Catholicisme, par attachement à l'Eglise Romaine, et par *défi jeté aux Schismatiques* (1), avaient donné ce nom à leur enfant. Il n'aurait pas attiré l'attention de Monseigneur, si une personne ne l'eût prononcé pour se faire obéir. Monseigneur fit remarquer que c'était un nom bien vague, et que d'ailleurs il ne convenait pas d'exciter la haine de nos frères les dissidents, il fallait donc le changer. Les parents y consentirent. L'un voulut l'appeler Louis, puisque son nom primitif commençait par L, l'autre proposa Léopold, l'autre encore Léon ; mais comme ces noms, commençant par L, offraient des inconvénients, on adopta enfin celui de « *Llias* » (*Elie*). C'était plus simple, plus arabe, et moins compromettant. En récompense de sa docilité, Monseigneur laissa à cette famille quelque chose pour l'aider à vivre, car elle est bien malheureuse.

Pendant notre tournée, Monseigneur a habillé cinq enfants et des jeunes filles pauvres pour 25 à 30 fr. Les habits ne consistaient qu'en de simples robes, car ces enfants étaient nus, et cela suffisait pour les couvrir, en attendant de mieux faire. Mais, vraiment, ce n'est pas cher, on sent que c'est le pays du bon marché ; aussi on

(1) Les Schismatiques n'aiment pas les Latins.

en profite pour faire le bien. Parmi ces enfants, dont trois sont schismatiques, il en est un, Habib Nahmé, tout à fait digne d'intérêt; son père est mort en prison pour la foi catholique, qu'on voulait lui faire renier.

Dans ce village, le mouvement de conversion s'accentue sans cesse. Le P. Jamal, curé de l'endroit, ayant profondément étudié la population, remarqua une vocation naissante; vite il la cultiva, et aujourd'hui l'arbre a grandi et porté ses fruits. Le nouveau prêtre — il s'appelle le P. Simon — était, comme celui de Beurge, un fermier assez influent, qui abandonna la vie des champs pour se faire apôtre. D'un extérieur très modeste, animé d'un zèle ardent; grand, mince, belle figure encadrée dans une superbe barbe blonde, il a derrière lui une garde de cinquante vigoureuses personnes, gagnées à sa cause, et prêtes à le défendre, lui et les autres, dans le cas où Basile viendrait à rugir de nouveau. Car il a rugi, et menace de rugir encore; mais il récoltera bientôt, ce pauvre Basile, la monnaie de sa pièce. C'est dire que ce malheureux évêque n'a pas de chance depuis qu'il a quitté le balai de domestique épiscopal pour prendre la crosse, et pour aller « *crosser* » ensuite chez ses chers villageois.

Monseigneur a ouvert une école, qui aura une cinquantaine d'enfants, de sorte que le schisme est tout à fait écrasé à Tannourin.

Le soir, en allant dîner chez le P. Simon, sa bonne vieille maman, en guise de réception, nous exécuta une danse, mais de ces danses-polka si recherchées en Orient! Entourée de chanteuses qui, les pieds immobiles, serrés les uns contre les autres, frappent des mains en cadence et chantent de leur voix rauque, gutturale, affreusement monotone, notre bonne femme se balance de droite à gauche, sautant tantôt sur un pied, tantôt sur l'autre, à la façon des poules; elle fait claquer ses doigts, ses bras s'élèvent, s'abaissent, battant une mesure furieuse; puis viennent les roucoulements de pigeons des chanteuses, c'est-à-dire les *zalaguiths,* puis c'est la danseuse qui pivote, etc.

Nous avons remercié vivement la bonne dame de son accueil gracieux, et nous sommes entrés. Le P. Simon a invité une personne qui est très digne de nos sympathies : le cheik catholique Jacob, qui souffrit la persécution plutôt que de renoncer à ses principes. Un complot s'était tramé contre lui, on voulut le tuer; et les gendarmes un jour se présentèrent au village pour saisir Jacob. Mais Jacob, plus habile, s'était sauvé on ne sut où. On apprit enfin qu'il avait erré çà et là, pendant deux ans, bien loin dans le désert, mourant de faim, sans abri et dénué de tout; on le vit réapparaître un beau matin, à la grande joie de ses parents et amis, qui l'avaient cru mort. Cette soudaine apparition mit le comble à la fureur des Schismatiques; mais ceux-ci se sont contentés d'aboyer de loin, car des mesures avaient été prises : les Catholiques, désormais nombreux, étaient résolus à se défendre coûte que coûte; le Gouvernement n'intervint pas, et tout rentra dans le calme.

Chez les Maronites, à Baïth.

Après avoir fait beaucoup de bien à Tannourin, en très peu de temps, Monseigneur voulut étendre la générosité de son cœur jusqu'à un village maronite voisin, nommé Baïth. Le curé est un jeune prêtre ordonné depuis le mois de mai, et *marié depuis deux ans.*

La population nous a reçus avec un vif transport de joie, car c'est, je crois, la première fois qu'un évêque de rite grec vient les visiter. Le cheik fut enchanté pardessus tout, car nous sommes allés chez lui.

C'est bien pauvre ici : il y a à peine 500 habitants, perdus au milieu des montagnes, isolés, sans moyens de communications; et quand un étranger vient les voir, c'est pour eux une fête. Monseigneur a laissé quelque chose au Curé pour l'aider à vivre. En quittant le village, il donna un bonbon à un enfant de trois ans, très malin, et très prompt à la répartie :

« — Qu'est-ce que cela? fit-il.
« — C'est un bonbon...
« — Est-ce que ça se mange, un bonbon?...
« — Mais oui, il faut le manger. »

Et le bambin, l'ayant goûté, le trouva probablement excellent, car il tourmenta son père pour en demander d'autres à Monseigneur.

Ce village n'est pas sous la juridiction de Monseigneur, qui va néanmoins s'en occuper; il a promis au pauvre Curé de l'aider, selon la mesure de ses moyens, à construire une nouvelle église; la sienne ne consiste qu'en une seule et même pièce, qui sert à la fois de chambre, de cuisine, de salon, d'église, etc. — C'est un de ces grands actes de charité qui plaisent beaucoup à Notre-Seigneur, car il a dit: « Aimez-vous et aidez-vous les uns les autres! »

Nous sommes rentrés le soir de Baïth, heureux d'avoir pu réparer une brèche de ce côté. La soirée a été consacrée à refaire nos valises et à nous préparer à partir le lendemain matin de très bonne heure.

De Tannourin, nous sommes passés par Jacoir-El-Afs, où nous sommes restés deux heures seulement. Là encore, il faut gémir sur la misère; c'est désolant, on ne peut faire tout le bien qu'on désirerait, puisque tout n'est que pauvreté.

Le Curé de ce village est revenu d'Amérique, il y a quelques mois; il pourra travailler au bien des âmes, et faciliter la construction d'une nouvelle église. Nous sommes passés tout à côté de la vieille, qui a été évacuée, même par le bon vieux Saint qui tenait en son coin conseil privé avec de vénérables représentants de la famille arachnide.

Monseigneur a interrogé les enfants sur la religion, puis il leur a distribué des catéchismes et des images. Après une courte et pieuse exhortation, et un déjeuner substantiel, nous nous sommes remis en route.

Nous sommes passés par *Marmarita* (1), sans nous y arrêter ; nous avions hâte d'arriver à Rabath, où nous ne serons que le lendemain soir. S'il avait fallu y aller d'un seul trait, en un seul jour, nous aurions dû mettre douze heures de cheval ; or, nous avons préféré nous rendre à Caïmè pour y passer la nuit.

En route, nous avons visité un village appelé Daglé.

Daglé.

Ce petit village, situé au bas de la montagne, sur une espèce de promontoire près duquel passe un tout petit ruisseau torrentueux, est plutôt un hameau de quelques maisons qui abritent de rares familles. Il n'y a ni curé, ni école ; personne ne s'occupe de ces malheureux : ils vivent selon la « *nature*. » Un curé voisin vient *par hasard* dire la messe, et c'est tout.

Ces bonnes gens s'étaient un jour déclarés catholiques, et avaient demandé à Sa Béatitude Mgr le Patriarche un prêtre résidentiel. Ils en eurent un pendant quelque temps, puis ils tombèrent dans l'indifférence ; on les oublia. Eux, de leur côté, se firent oublier, et ils vécurent ainsi, loin de toute communion, loin de tout commerce humain.

Cette fois, Monseigneur leur a fait une déclaration nette et formelle :

« — Voulez-vous, enfin, vous faire catholiques ? Je ne « vous force pas, vous êtes libres, choisissez, il est

(1) Ce village a été, plus que tout autre, comblé des bienfaits de Monseigneur. Des églises avaient été ouvertes, des écoles créées ; on y avait mis deux nouveaux curés, et tout semblait marcher à souhait, quand cette nouvelle Sodome *a méconnu les bienfaits de Monseigneur*, que les chefs ont essayé de tromper sans y réussir. On a su enfin que ces gens étaient des francs-maçons qui se proclamaient hautement catholiques pour soutirer de l'argent des Catholiques.

Monseigneur les a punis en les chassant de son Eglise ; il a rappelé les curés, fermé les églises et les écoles, de sorte que ces gens-là regrettent beaucoup leur faute, d'autant plus que l'évêque schismatique se moque d'eux en leur imposant la dîme : chose que Mgr l'Evêque Catholique ne faisait pas et n'avait jamais faite.

« temps et c'est la dernière fois que je viens ici (1). Je ne « puis pas m'occuper de vous avant d'avoir chez moi vos « billets individuels (2). Si vous pouvez me les procurer, « je vous donne un curé, une église et une école... »

Ils promirent tout ce qu'on leur demandait, et dès que le cheik passera pour se faire payer les impôts, ils demanderont leurs billets.

Pendant cet entretien, nous avons été témoins d'un cas d'épilepsie. Un enfant de douze ans, aux beaux yeux bleus, charmant de figure, mais très chétif et délicat comme une fillette, fut soudain pris d'une crise terrible. Il poussa un cri aigu, et tomba brutalement par terre; ses nerfs se contractèrent, il roula, se tordit, puis resta inerte, épuisé. Cinq minutes après, il se releva, le visage tout ensanglanté : avec ses ongles et ses dents, il s'était déchiré. Aussitôt qu'il eut repris connaissance et reçu les soins nécessaires, on l'amena devant Monseigneur, qui le bénit, le caressa, l'interrogea, et donna ensuite aux parents des conseils pour qu'on puisse bien le soigner dans ses attaques.

C'est dommage qu'un si charmant enfant soit pris ainsi de ces crises; sa figure indique bien qu'il ne vivra pas longtemps; en tout cas, si Dieu l'appelle à lui, ce sera un ange de plus au Ciel ; car, comme tous ces enfants du pays, il est innocent, et comme la plupart sont très intelligents, ils savent se conserver purs et intacts de tout péché.

Un peu plus sensés!

Inutile de dire que ma présence a excité, comme partout ailleurs, la plus vive curiosité. Mais ici, ils ont eu vraiment peur : savez-vous ce qu'ils ont pensé, les Dagléens?

(1) Tous les ans, en effet, Monseigneur venait les voir en visite pastorale.

(2) Ces billets individuels sont des billets ou patentes officielles que le Gouvernement délivre à chacun, pour établir son identité, et faire ainsi une distinction entre les musulmans et les chrétiens, et des chrétiens entre eux-mêmes, catholiques ou schismatiques.

Eh bien, ils ont cru que j'étais un *général russe qui venait réquisitionner les jeunes gens pour la guerre!* (*sic.*)

Cette fois, ils appliquaient cette apparition à la réalité des faits; au moins ils ont eu plus de bon sens que les autres paysans, qui me prenaient pour une demoiselle. Mais on les rassura en leur disant que je n'étais pas aussi terrible que cela.

Du reste, dès qu'ils me virent prendre pied à terre, les saluer en souriant, caresser les enfants, leur effroi disparut, et ils se réjouirent en apprenant que j'étais Français!

Je ne sais pourquoi, mais toutes les populations de ce diocèse ont une très grande *sympathie pour la Suisse, en même temps que pour la France.*

« — Nous aimons la Suisse, ont-ils dit, car c'est elle qui « a l'honneur de donner une garde suisse au Souverain « Pontife; c'est elle qui est la protectrice des biens tem- « porels du Vatican, tandis que sa sœur la France est « la gardienne des biens spirituels... »

Puis le cheik se plut à raconter les exploits de Guillaume Tell.

« — Vous avez raison, lui fis-je traduire, d'aimer la « Suisse, car elle est sœur de la France. Du reste tout « vous engage à chérir la Suisse, votre pays est une petite « Suisse... »

Partout c'est le même langage : c'est pour ces deux pays un enthousiasme général, car le développement de l'œuvre vient de là. Puissent-ils, ces chers bienfaiteurs français et suisses, continuer leur noble mission et s'attirer les faveurs du Ciel!

Le soleil se couchait, le temps était calme, pas un nuage ne se voyait au ciel; à notre droite nous avons laissé Daglé pour nous engager à gauche dans les rochers. Peu à peu, une douce brise venait agiter les feuilles légères de quelques oliviers, plantés çà et là en sentinelles entre ces rocs qu'un éboulement de jadis a déchirés du sein de la montagne. C'est en respirant à pleins poumons ce grand air vivifiant des hauteurs, que nous avons disputé à la nature ses obstacles et ses dangers.

Quel site ravissant !

Mon vaillant petit cheval, la plus belle conquête que j'aie jamais faite, ne bronche pas au milieu de ces roçs suspendus au-dessus des ravins; il attaque les flancs de la montagne, il galope, il bondit comme un jeune chamois, et le cavalier encore inexpérimenté a beaucoup de peine à conserver son équilibre.

La descente est tellement rapide que nous avons dû abandonner nos coursiers à nos moukres, et nous conduire nous-mêmes. Après quatre heures de descente lente et agréable au milieu de ces accidents de la nature, nous sommes remontés à cheval; par malheur j'ai remarqué que le mien était déchaussé, il boitait un peu, et pourtant il fallait atteindre l'étape; mais ce que je craignais n'arriva pas, grâce à Dieu.

Caïmè.

Nous sommes tombés dans Caïmè à l'improviste, personne n'ayant été avisé. Perdu au fond d'un ravin, Caïmè est un village entièrement chrétien; il n'y a pas un seul musulman. Le Curé nous a reçus avec de vifs transports de joie, tandis que sa sœur, voulant nous rafraîchir et croyant bien faire, arrosa à grande eau le pavé de sa maison; mais, tout en nous rafraîchissant, elle nous éclaboussa, si bien que nous l'avons priée de fermer *l'écluse de sa jarre*.

Là, c'est très propre et nous n'avons pas eu à nous mettre en colère avec les puces et les moustiques; mais si, d'un côté, nous étions débarrassés de ces bestioles malfaisantes, nous fûmes ennuyés toute la nuit par le tapage affreux des chats et du va-et-vient continu des gens; c'étaient des chuchotements perpétuels, un remue-ménage assourdissant. Je ne sais pas si toutes les nuits se passent ainsi ; mais en vérité, on se croirait en enfer, la barque de Charon passe trop bruyamment.

Alors, jugez un peu ! chacun est fatigué et de mauvaise humeur. On se chamaille, on s'accuse l'un l'autre d'avoir fait un tapage infernal, et cependant nous sommes innocents.

Pour ma part, j'étais furieux : en guise de matelas, j'avais un mince paillasson reposant sur une vieille planche ; or, moi qui ne suis pas gros, j'ai senti bien vite que le lit n'était pas précisément doux.

Puis, vlan ! pas de chance ! pour mettre le comble à nos « *malheurs* », voilà notre grand Père Martinos, haut comme une tour Eiffel, qui se cogne contre la porte basse ; il vient se plaindre à moi, alors je le guéris tout de suite :

« — Il ne faut pas briser la porte, car la *prêtresse* (1) « vous ferait payer la casse.

« — C'est pas ça que je veux vous dire : je me suis fait « mal !

« — Ah ! ça, c'est une autre question, je ne m'en étais « pas aperçu ; il faudra alors aller trouver M. *Tantale,* il « se chargera de vous guérir tout de suite et radicalement.

« — Vous, vous plaisantez toujours quand on est « mourant !

« — Naturellement ; il ne faut pas pleurer ! »

Et c'est ainsi que nous guérissons nos maux, et nos réponses font rire Monseigneur, qui se plaît beaucoup à nous entendre nous chamailler ainsi, mais aimablement.

Ces petits désagréments sont des bagatelles en comparaison de ceux qu'ont supportés les Caïméens. Ceux-ci (je parle des Catholiques, du reste très peu nombreux) ont aussi souffert la persécution, mais seulement pendant la présence de Basile, car, lui absent, tout le pays est tranquille.

(1) Surnom donné à la sœur du Curé.

Toujours l'ineffable Basile. — Ses folies.

Basile fit lui aussi une visite, non pas pàstorale, mais financière, car il se soucie fort peu de prêcher l'Evangile (le sait-il, ce domestique?); son évangile à lui, ce sont les pièces de métal qu'il arrache durement des mains des riches et des pauvres paysans, de tout le monde enfin.

Or, pendant sa dernière visite, peu de temps avant la nôtre, il se conduisit *comme un vrai Vandale.*

Le Cheik catholique ne s'était pas dérangé pour aller saluer cette grandeur schismatique, car il le déteste cordialement. Vexé, piqué, froissé, Basile envoya pompeusement son janissaire chez le Cheik pour l'amener devant Sa Grandeur.

En fidèle serviteur, le Cawas se présenta, et aussi poli que son maître, dit au Cheik :

« — Je viens te chercher, mon évêque veut te parler.

« — Je n'ai rien à faire avec votre maître, répond le « Cheik, ni lui avec moi : voilà ce que vous pourrez lui « dire. Quant à vous, veuillez être plus poli.

« — A moi, tu dis ça ? mais sais-tu bien qui je suis ?

« — Hélas ! oui, et nous ne le savons que trop ! »...

Voyant que ces réponses piquantes le gênaient un peu, il voulut brusquer :

« — Allons, finissons-en, et viens à l'instant !

« — Non, je ne viendrai pas.

« — Si, tu viendras !

« — Non !

« — Non ?

« — Je ne veux pas !

« — Ah ! tu ne veux pas ? Eh bien, moi je veux, et c'est « moi qui te traînerai. »

Sur ce, empoignant le Cheik par la ceinture, il le poussa et voulut le faire sortir. Mais les parents et amis du Cheik intervinrent d'abord *pacifiquement* pour les séparer. Le farouche janissaire, furieux de se voir vaincu, voulut user de son autorité, et distribua quelques coups de cravache. Mal lui en prit; il reçut incontinent une fameuse rossée. Le malheureux eut beaucoup de peine à se dégager, et dut s'enfuir tout meurtri, son uniforme en lambeaux.

Bref, c'est dans cet état lamentable qu'il arriva chez son seigneur évêque, qui, au lieu de le consoler, l'injuria pour n'avoir pas su se tirer d'affaire. Ecumant de rage, il sortit comme un fauve, se promettant d'anéantir lui-même tout ce qu'il y avait de catholiques.

Mais il fut arrêté par un sage orthodoxe, qui eut toutes les peines du monde à lui faire réintégrer son logis; il lui persuada qu'il en récolterait des coups de bâton, qu'il perdrait *son honneur* (hélas ! son honneur, il l'a déjà perdu); plusieurs autres personnes se joignirent à ce schismatique, et le supplièrent de rentrer. Enfin il dut céder et rentra, tout en vociférant des menaces de mort contre les Catholiques.

« — C'est vous, hurla-t-il, qui m'empêchez de punir ces « gens-là ; vous voulez vous faire écraser par ces bri- « gands. Ah ! si jamais je rencontre leur évêque, qu'il « prenne garde à lui, car je lui arracherai tous ses « insignes, que moi seul j'ai le droit de porter. Cet usur- « pateur passera sous ma main... »

Hélas ! le pauvre Basile a déjà passé sous la main du P. Martinos. Monseigneur passa, il y a peu de temps, près de la maison de l'Evêque, le P. Martinos l'accompagnait, et le terrible dragon n'osa rien faire, et Basile, pour donner le change, présida à un banquet où :

Lamentant tristement une chanson bachique,
Tous ces sots à la fois, ravis de l'écouter,
Détonnant de concert, se mettent à chanter,
Pensant qu'au moins le vin dût réparer le reste.

(Boileau, Satire III.)

Basile partit, le village reprit sa vie calme, et reçut avec bonheur l'Evêque catholique, pendant qu'il repoussait et désapprouvait la conduite de l'autre. Les procédés pacifiques de Monseigneur firent une excellente impression : tous ont mis les deux évêques en parallèle, et donné la préférence à l'Evêque catholique.

Avant de quitter le village, nous avons visité une famille qui a été très persécutée, elle aussi. Le fils aîné a été blessé à la jambe par une balle de fusil d'un schismatique.

Comme je n'avais jamais vu une blessure occasionnée par une arme à feu, j'exprimai le désir de la voir; le jeune homme acquiesça avec empressement à ma demande et me montra sa jambe; elle était perforée, on voyait encore la trace de la balle; l'os était à découvert, c'était terrible!...

Voici, en quelques mots, comment fut perpétré ce lâche attentat :

Les Schismatiques avaient menacé de mort le chef de la famille, et s'étaient postés un beau soir tout près de sa maison : ils guettaient le moment où la proie allait sortir pour assouvir leur haine. Il est à savoir qu'à chaque instant, même pendant la nuit, dans ces villages on va et vient, car tout le ménage se fait dehors, devant la porte.

Par hasard, le fils aîné sortait, accompagné de sa sœur. Les Schismatiques, croyant que c'était le père, tirèrent sur eux. Le jeune homme reçut une balle à la jambe, et sa sœur eut la main droite percée. Mais les bandits reconnurent leur erreur, et, craignant une vengeance, se sauvèrent. Les deux jeunes gens ont beaucoup souffert, et sont presque guéris aujourd'hui, quoiqu'il en reste d'horribles traces. Un procès suivit cette affaire ; le Gouvernement s'en occupe actuellement. Aussi, sur la demande de cet infortuné villageois, Monseigneur va tenter d'obtenir au moins de faire payer aux Schismatiques les remèdes nécessités par les blessures et aussi des dommages-intérêts raisonnables. Le procès dure encore et traînera sans doute en longueur.

Rabath.

Vraiment il fallait être audacieux pour passer par des chemins si difficiles et si affreux ; un filet blanc tracé sur le flanc de la montagne, c'était toute notre route ; le précipice sans fond à notre gauche, nous risquions cent fois de glisser ; mon cheval fit souvent des faux pas, mais il se releva aussitôt, ayant le pas aussi sûr que celui du mulet ; et c'est avec nos chevaux que nous sommes montés jusqu'à près de 2.000 mètres d'altitude : ces bêtes-là font de véritables tours de force. Dans un endroit nous avons franchi un précipice sur un simple petit pont de bois mal fait et vermoulu, il pliait sous le pas de nos montures. Je dis alors au moukre de tenir la bride de mon coursier, et de le conduire, car, moi, je fermai les yeux pour n'être pas pris de vertige ; et certainement un cheval européen ne ferait pas ce que fait le cheval arabe..

Nous avons côtoyé le danger pendant quatre longues heures, sans nous reposer ; aussi, étions-nous harassés de fatigue. Là-haut, sur ce sommet, nous nous sommes arrêtés un instant pour contempler le pays. C'était un spectacle ravissant : partout nos regards se heurtaient sur les échancrures des montagnes, partout un silence majestueux, troublé de temps à autre par le cri de grands oiseaux de proie. Nous n'y sommes pas restés, car il faisait froid, un vent glacial nous cinglait la figure, et puis la descente allait encore nous occuper pendant deux heures et davantage.

Arrivés sur le pic de Raweinn, nous apercevons Rabath, qui s'étale nonchalamment sur un plateau encaissé entre deux montagnes, ce qui donne l'aspect d'un cratère de volcan. Tous ces bouleversements de terrains, toutes ces crevasses, sont-ils le résultat de tremblements de terre ? y a-t-il eu autrefois, dans ces contrées, des volcans ? Il est difficile de le savoir, les rochers gardent orgueilleusement leur secret; toujours est-il que le terrain est très volcanique et fait croire à l'existence ancienne des volcans; c'est au sein des montagnes qu'il faudrait arracher cette énigme : peut-être saurions-nous quelque chose.

Mais ceci est le moindre de nos soucis. A droite, nous apercevons la plaine de Hossen, et la ville de Homs, là-bas, bien loin, plongée dans un brouillard blanchâtre; puis là-bas encore, les flots bleus et cléments de la Méditerranée.

Nous nous sommes arrêtés près d'une source pour nous reposer, et nous avons goûté l'eau de la montagne. C'est une eau comme il n'y en a pas au monde; elle est tellement glaciale qu'il est impossible d'en boire un verre tout entier, d'un seul trait; elle a un goût de fleurs d'oranger, et coule le long de la pente rocheuse en un gros filet de cristal qui va se briser dans la vallée en une poussière d'argent.

Je suis certain qu'en Europe on laisserait volontiers un bon verre de vin pour boire de cette eau excellente. A peine avions-nous fait vingt pas, en quittant cette source merveilleuse, que nous voyons accourir une dizaine de jeunes gens, armés de fusils; ils nous ont aperçus sur le pic de Raweinn et, sachant que nous devions venir, ils ont fait le guet tous les jours, et ont fini par nous trouver.

Un de ces beaux gars, après avoir salué respectueusement, se fit un honneur de tenir le cheval de Monseigneur et de le conduire ainsi pendant notre descente; les autres en firent autant pour nous.

Quelle hardiesse de s'aventurer ainsi à cheval dans ces parages! C'est effrayant, et pourtant nous marchons quand même. En route, nous rencontrons un pauvre curé schismatique qui travaille péniblement à sa terre; il quitte sa bêche et vient saluer respectueusement Monseigneur qui, à sa demande, bénit son travail pour le faire fructifier.

Tout près d'une rivière tapageuse, le P. Germanos,

revêtu de ses ornements sacerdotaux, l'encensoir à la main, entouré de plus de cent personnes, nous attend depuis une heure.

A notre apparition, ce fut une salve de coups de fusil, puis les chants de bienvenue retentirent dans la montagne. Le Curé offrit l'encens, reçut la bénédiction de Monseigneur. Nous fîmes ensuite notre entrée solennelle dans le village de Rabath.

Sur tout notre parcours, une vieille femme brûla de l'encens dans un pot à fleurs qu'elle tenait en main ; ce fut au sein de cette atmosphère odoriférante que nous avançâmes au milieu des bouquets de fleurs et des cierges allumés.

Les enfants caracolaient autour de nous, les hommes marchaient devant, en masse compacte. Le P. Martinos descendit pour aller aider de sa voix les chanteurs. Nous arrivâmes ainsi à la chambre du Curé, chambre modeste mais bien tenue : c'est pauvre, mais c'est propre.

Pour faire plaisir aux habitants, nous avons dû rester dehors, assis sur de petites chaises, afin que tout le monde eût le plaisir de voir l'Evêque depuis si longtemps attendu, et qu'on ne voit qu'une fois par an ; aussi est-ce une véritable fête pour ces braves gens.

Mais il n'y a pas dans cette assemblée cette gaieté de cœur qui donne tant d'éclat à nos fêtes religieuses en France; à peine distingue-t-on un léger sourire sur ces lèvres noircies : le regard de ces hommes indique qu'ils souffrent et sont opprimés, et que la misère est extrême.

En effet, il y a beaucoup à faire en ce pays et le zèle ardent du courageux P. Germanos n'a pu encore enrayer ce fléau de la misère. Remarquons que le Curé n'est ici que depuis peu de temps ; il a beaucoup travaillé et Monseigneur en est très content; aussi il l'a félicité devant tout le monde, l'a encouragé et lui a promis de l'aider plus que les autres prêtres. C'est juste : étant le plus isolé des Curés, il a besoin de quelques consolations.

Rabath est un gros village de 2.500 âmes, en grande

majorité catholiques. L'église, magnifique construction, est bâtie en dehors des habitations, sur un plateau élevé ; malheureusement, elle est privée d'ornementation et de mobilier : un seul autel, quelques images, et le strict nécessaire pour le culte, c'est tout; elle est d'ailleurs toute neuve et attend son achèvement.

En tous cas, il y a ici progrès sensible, et, comme partout ailleurs, les conversions se sont multipliées et demeurent fermes.

La présence de Monseigneur a fait beaucoup de bien; tout le monde a été interrogé, surtout les enfants, qui sont bien instruits, grâce aux soins du zélé P. Germanos, dont nous allons bientôt parler.

Après avoir réglé certains différends et secouru les pauvres, nous avons passé une nuit plus ou moins calme, assiégés par des bataillons de moustiques et de puces qui,

.... S'attaquant à notre humaine peau,
Par leurs suçoirs maudits, en tirent sang et eau.

Moi, je n'ai pas eu à me plaindre, et n'ai rien senti, car Monseigneur me força d'accepter le lit que le P. Germanos lui avait préparé. C'était du reste la même chose toutes les fois qu'on rencontrait un bon lit. J'en ai grandement bénéficié, car je serais mort, je crois, à la peine, ou du moins j'aurais fini par tomber malade; j'étais horriblement piqué par les moustiques.

« — Le sang des Français est si aimable, me dit « Monseigneur, que les moustiques s'empressent de vous « visiter gracieusement. »

Mais j'aurais très bien pu me passer de ces visites si peu gracieuses et si piquantes.

Quant au pauvre Monseigneur, il couchait par terre, disant qu'il y était habitué; il en a bien souffert, néanmoins. Heureusement qu'une fois rentrés dans nos appartements épiscopaux à Tripoli, nous serons installés à l'européenne. En voyage on ne peut être si bien que lorsqu'on réside.

Aoutein.

Après avoir passé un jour à Rabath, nous nous sommes dirigés sur Aoutein, village maronite, qui sera notre dernière visite. Le curé maronite, vénérable vieillard, est venu nous recevoir avec toute la pompe dont il pouvait disposer. Le village entier s'est porté à notre rencontre, la croix en tête ; les uns balançaient des encensoirs, les autres agitaient des cymbales garnies de grelots : *c'était la fanfare !* Ces instruments primitifs firent tout de même bien leur service. Nous avons passé la nuit chez le Curé, qui nous a très bien accueillis ; nous avons été enchantés de sa façon de nous recevoir, et l'en avons récompensé.

L'unique célébrité d'Aoutein, c'est la fabrique d'eau-de-vie. Nous l'avons visitée ; elle est agencée à la moderne, et ses vins et liqueurs sont très renommés.

Une chose vraiment curieuse nous a frappés, en rentrant de visiter le village. Un immense troupeau de bœufs, de chèvres, de moutons, revenait de pâture, sous la conduite d'un enfant de douze ans ; c'est lui qui a la charge de 200, de 300 et même de 500 bêtes. Le troupeau arrive sur une espèce d'esplanade, au cœur même du village, puis, après le rassemblement complet, le jeune pâtre sonne du cor pour avertir les habitants d'ouvrir leurs étables. Le troupeau se disloque en tous sens, les moutons regagnent seuls leurs bergeries, les bœufs leurs étables, etc., et ainsi chaque bête rentre dans le plus grand calme et sans aucun désordre ; pas une ne se trompe de logement. A son tour le pâtre se retire chez lui, et dès le lendemain matin, vers trois ou quatre heures, il revient à la même place, sonne du cor pour inviter les habitants à ouvrir leurs étables : les troupeaux sortent et se dirigent vers les pâturages.

Cette organisation est fort pratique et très économique pour les propriétaires. *La conduite de tous et des bêtes est admirable !*

En route pour Homs.

Nous avons quitté Aoutein à quatre heures du matin afin de rentrer au plus tôt à Tripoli ; et comme il nous faudrait vingt-huit heures de cheval pour aller d'ici jusque là-bas, Monseigneur a préféré passer par Homs, y prendre la voiture et atteindre Tripoli en dix heures : c'est plus court, moins fatigant et d'ailleurs plus économique.

L'air vif de la montagne nous fouettait le visage, car ici il y a constamment du vent ; le brouillard qui cachait e village sous un voile épais se dissipa peu à peu ; le soleil montait lentement à l'horizon ; la plaine de Hossen était plongée comme dans un immense brasier ; les rochers brillaient comme de gros diamants, et nos chevaux, peu chargés, sautaient d'allégresse, pour ainsi dire, à ce réveil de la nature.

Au bas de la montagne, nous nous sommes arrêtés près d'un puits où les montagnards viennent, avec leurs ânes chargés de jarres, puiser une eau excellente, vive et abondante.

C'est le quartier général des commères : c'est ici que l'on apprend les nouvelles du jour. Les hommes, nonchalamment, tirant sur leurs narguilés comme des chaudières de locomotives, se laissent bercer par le ramage de ces dames et demoiselles qui, dans l'eau jusqu'aux genoux, se disputent l'accès du puits. Le puits, en Orient, est le principal monument : c'est la clef de tout, c'est le cœur du village en même temps qu'il en est la langue. Nous nous sommes désaltérés, les chevaux se sont abreuvés ; quant aux bonnes gens, ils ont eu peur de mon chapeau et de mon « *imberbité* » : ils se sont sauvés, me regardant du coin de l'œil. Il faut croire que je suis bien terrible.

Puis nous reprenons notre élan à travers cette immense

steppe, des bœufs épars nous regardent étonnés, et mon jeune cheval veut jouer avec ces bêtes, qui de leurs cornes labourent la terre ; mais je rappelle mon coursier à l'ordre, le soleil brille, les lointains regards gardent cette limpidité des calmes contrées de hautes altitudes.

De routes, il n'y en a pas ; ce ne sont que de grandes raies transversales indiquant de profonds affaissements de terrain, sous l'apparente uniformité de la plaine ; ce sont des rubans vagues, tantôt crayeux, tantôt sombres, qui serpentent indéfiniment dans cette longue steppe.

Homs.

Enfin il est midi quand nous arrivons sur les bords du fleuve *Oronte,* qui passe tumultueusement par Homs (Emèse).

Nous nous sommes reposés à l'endroit où, dit-on, les lourds bataillons de Thoutmos Ier, roi d'Egypte, furent écrasés lors de l'invasion égyptienne en Syrie.

Quoi qu'il en soit, ce fleuve a bien mérité son nom. En arabe, il s'appelle *Nahr-el-Assy,* c'est-à-dire *le fleuve rebelle.* Assy vient d'*Axios,* nom que les Macédoniens donnèrent à l'Oronte, en souvenir de leur patrie.

L'Oronte a une longueur totale de 60 lieues, et à l'endroit où nous sommes, il a bien 8 à 10 mètres de largeur. Prenant sa source dans l'Anti-Liban, il roule de la montagne dans la plaine, il gronde, il bondit, et ce rebelle se moque de tous les obstacles qui lui sont opposés.

A notre droite un régiment de bonnes femmes musulmanes lavent leur linge dans un immense lavoir. Malgré la distance qui nous en sépare, nous entendons les bruyants caquetages ; pour sûr, il doit y avoir là, comme partout ailleurs, de bonnes gazettes.

Nous avons pénétré dans la ville par la grande avenue pavée et par les halles centrales. Notre entrée dans Emèse a ému quelque peu les citadins. Un groupe d'étrangers, parmi lesquels un *chapeau blanc,* c'était drôle pour eux !

« — Qui sont ces étrangers ? d'où viennent-ils ? — où « vont-ils ? que viennent-ils faire ici ? »

Ce sont des chuchotements que les Pères comprennent ; mais n'importe ! nous ne nous occupons pas des curieux et nous passons notre chemin.

Nous avons été reçus à l'évêché grec-catholique, très aimablement, par le Vicaire Général, qui nous a appris que Mgr Flavien-el-Kfouri était parti pour un voyage *ad limina.*

Monseigneur voulut garder l'incognito : sa pensée était excellente ; mais au diable l'incognito !

Un bavard, je ne sais comment, nous aperçut à travers la ville et répandit partout cette nouvelle que Mgr l'Evêque de Tripoli était ici.

Alors tout le monde d'accourir pour saluer Monseigneur. L'évêque syrien-catholique est venu le premier ; ce prélat est très âgé, il ne sait pas le français, mais parle admirablement bien l'anglais ; c'est un ancien converti, fort dévoué au Saint-Siège.

Dans l'après-midi, nous avons été visiter les chères Sœurs indigènes du Sacré-Cœur ; puis les RR. Pères Jésuites, qui ont été, eux aussi, comme toujours, très aimables. Ils ont voulu prouver leur amitié pour Monseigneur, en composant en son honneur une petite poésie, qu'ils ont chantée, il y a quelques années, au cours d'un banquet, et dont voici le texte :

A Sa Grandeur Monseigneur J. Doumani,

Evêque Grec-Melchite-Catholique de Tripoli de Syrie.

Pasteur, notre voix t'acclame,
Près du nom du Christ.
Oh ! sois sûr que dans notre âme
Ton nom reste inscrit.

De tous il est père :
Comme le Sauveur
Son amour préfère
Les humbles de cœur.

Au chasseur fidèle
Les jours sont trop courts,
Et rien de son zèle
N'arrête le cours.

Ah ! que notre Emèse,
Pleine de fierté,
Jamais ne se taise
Sur sa charité.

Hossen et Safite
Parleront longtemps
De cette visite
Aux fruits abondants.

Gébrail, Ananie
Aident ses labeurs ;
Qu'une longue vie
Les garde à nos cœurs !

De la Compagnie
L'élève et l'honneur,
Il veut pour la vie
Lui donner son cœur.

Et puisqu'à la France
S'est ouvert son cœur,
Sur son assistance
Comptez, Monseigneur.

Rome est de la terre
Le guide sauveur :
Donc, gloire au Saint Père !
Gloire à Monseigneur !

Afin de se soustraire aux réceptions longues et fatigantes, Monseigneur, exténué de fatigue, résolut de partir le lendemain de fort bonne heure. Les vicaires et tous les prêtres usèrent de tous les moyens possibles pour le retenir au moins le dimanche. Ce fut peine inutile, ils durent se résigner ; et le dimanche 10 juillet, après la messe, j'accompagnais seul Monseigneur, laissant le P. Martinos, afin de nous remplacer pour rendre les visites ; les autres prêtres retournèrent dans leur paroisse, et nous, après avoir salué et remercié tous nos amis, nous sommes montés en voiture.

Il était quatre heures du matin, l'air était glacial. Après avoir fait passer sur l'impériale nos valises étranglées dans leurs nœuds compliqués, et après nous être installés, notre cocher, grand gaillard semi-européen, un créole aux cheveux crépus, à la barbe hirsute, s'élança d'un bond sur son siège, s'empara des guides, et... fouette cocher !..... voilà notre voiture qui roule avec fracas sur le pavé des rues d'Emèse, encore plongée dans le sommeil.

Nous sommes arrivés le soir à Tripoli à l'improviste, extrêmement fatigués. Ce fut une joie véritable pour les fidèles de la ville épiscopale de revoir leur évêque, après une longue absence.

Grâces soient rendues à Dieu de nous avoir ramenés en bonne santé et sans avoir à déplorer aucun accident. Cependant Monseigneur est extrêmement fatigué ; sa figure est noircie, brûlée par le soleil en cette longue visite pastorale. Il est épuisé, car la fièvre est souvent venue le visiter. Il faut remarquer que les soucis, les inquiétudes, et les grandes responsabilités, y ont pour beaucoup contribué. Monseigneur est tombé malade quelque temps après, et a dû garder le lit pendant plusieurs jours. Mais, heureusement, grâce à sa robuste constitution, il s'est promptement rétabli. Nous avons, par contre, prié le Bon Dieu de nous conserver longtemps encore ce bon père, pour le bien des âmes ; et nous lui disons tous, de tout notre cœur :

Ad multos annos !

LES DERNIERS ÉCHOS DE LA VISITE PASTORALE

Les inquiétudes de l'évêque schismatique. Le P. Germanos et son histoire.

La visite pastorale de cette année a été une véritable conquête : Monseigneur a partout recueilli ce qu'il a semé.

Ce sont les schismatiques qui reviennent en masses compactes à la foi catholique, ce sont des protestants qui suivent le même sentier; les Catholiques, se sentant enfin soutenus, se défendent avec énergie, et professent hautement leur croyance, chose qu'ils ne pouvaient faire il y a seulement quelques années. Partout, ce sont des églises qui s'élèvent par enchantement, les prêtres se multiplient, le mouvement de conversion s'accentue toujours.

Des milliers d'âmes sauvées : voilà le résultat d'un épiscopat de sept ans, au milieu d'incroyables difficultés, au milieu d'une population hostile et fanatique. C'est une victoire. C'est un triomphe.

Pendant que les Catholiques se réjouissent de ces beaux jours enfin revenus, il est quelqu'un qui meurt d'ennui et d'appréhension au fond de son palais sombre d'Ackar. Ce quelqu'un est l'évêque Basile, cet anti-catholique qui s'est attiré le mépris et la haine et a déshonoré l'épiscopat par sa lâche conduite. Toute sa nation se sépare de lui, et le voilà relégué au fond de son palais, en proie à de vives inquiétudes.

Toutefois, dans une crise dernière, furieux de ne pouvoir arrêter la défection des siens, il a voulu faire un coup d'Etat (ce n'était pas, bien sûr, celui du XVIII Brumaire) ; il lui fut fatal, très fatal même.

Il s'était promis à Caïmè de tancer les Catholiques, surtout les curés, qui osaient porter la barrette et la soutane qu'eux seuls, Basile et ses prêtres, avaient le droit de porter.

Les Grecs Orthodoxes, prêtres et laïques, furent plus sages, craignirent beaucoup et conseillèrent à leur évêque de rester tranquille ; malheureusement, tout fut inutile. Mettant à exécution sa menace, il parcourut le diocèse, il insulta les Catholiques, frappa les prêtres, leur enleva leur barrette, et se crut tout à coup le maître absolu.

Echec.

Il échoua honteusement à Marmarita, l'année dernière, dans des circonstances vraiment tragiques, dont je ferai de nouveau le récit, *avec plus de détails, puisque c'est le P. Martinos qui m'a raconté lui-même son échauffourée.* Il convient d'ailleurs de mettre au courant la plupart des lecteurs, qui ignorent encore tous ces faits.

Ne tenant donc aucun compte des avertissements, Basile alla pompeusement à Marmarita, où il arracha la barrette de deux prêtres catholiques.

Il était dans un salon, trônant fièrement au milieu de la haute société d'Ackar, dont plusieurs membres du Gouvernement. Deux prêtres catholiques, le P. Martinos et le P. Abdallah, brûlèrent la consigne, et se présentèrent, pendant que de frénétiques applaudissements retentissaient et que l'on portait des toasts à Basile.

Cette soudaine apparition de deux colosses jeta l'effroi; un silence glacial fit place au concert joyeux.

Le plus grand, le P. Martinos, se dirigea seul vers l'évêque, sans faire aucun salut :

« — Je suis venu ici, dit le Père, pour que vous me « remettiez ma barrette; le voulez-vous, oui ou non ?

« — Mais je ne sais pas qui vous êtes ! répond l'évêque. « Vous avez encore l'audace de vous présenter devant « moi ? Sachez que je puis vous châtier comme vous le « méritez; car je ne vous reconnais pas comme prêtres.

« — Ah ! oui, Basile ; eh bien, vlan ! attrape !...

Aussitôt dit, aussitôt fait; le P. Martinos s'élança sur lui, lui arracha sa barrette avec son voile, ainsi que ses insignes d'évêque, et les mit en mille morceaux, qui gisaient au milieu de la salle ; *puis, lui tirant la barbe, il lui secoua violemment la tête.*

Basile s'élança contre le Père pour le battre ; mais celui-ci, plus vivement, attrapa le prélat schismatique dans ses bras, et lui fit prendre un siège « par terre. » Ce coup eut un contre-coup, car le ventre proéminent de Basile fit un gros « boum », au milieu de l'ébahissement général.

Après l'avoir tancé vertement, le P. Martinos sortit victorieux. Mais il se heurta à la populace qui voulait venger cet outrage; elle s'élança donc sur le P. Abdallah pour le battre furieusement.

Comme un fauve qui sort de sa cage, l'évêque s'élança en criant :

« — Non ! pas celui-là ! c'est l'autre qu'il faut battre ! »

Alors les fidèles serviteurs lâchèrent prise, et se retournèrent sur le P. Martinos. Celui-ci, vif comme l'éclair, arracha des mains d'un gros affendi un énorme bâton, qu'il fit voltiger de droite à gauche ; il en abattit sept ou huit, et mit le reste des schismatiques en complète déroute.

Le soir, l'évêque Basile devait aller chez un notable présider un banquet. Alors, le P. Martinos, assisté d'une douzaine de jeunes gens, enhardis par tant d'audace, se posta au milieu de la rue, en s'écriant :

« — S'il est vraiment Basile, je le défie de passer ici ;
« qu'il vienne et nous verrons ! »

Affolé, Basile ne vint pas, et se fit servir son dîner de gala d'une fenêtre à l'autre.

Voulant se venger, c'était tout naturel, le vaincu envoya un exprès au Kaïmmacam de Hossen, pour l'appeler à son secours, en lui disant qu'il était battu, maltraité, assiégé par les Catholiques.

Vite, cet officier s'élança à la tête d'une vingtaine de gendarmes à cheval ; et quel ne fut pas son étonnement lorsqu'il vit tout le contraire !

Il fit une enquête ; elle aboutit à une accusation de la plus haute importance contre l'évêque, qui avait menti officiellement. Pour couper court à toutes ces histoires ridicules, le Kaïmmacam dit à Basile :

« — Je vous engage beaucoup à vous réconcilier avec
« les Catholiques, car l'affaire est très grave. Pour moi,
« je ne m'en occupe pas, et de tout ce qui arrivera, vous
« serez responsable... »

Après bien des pourparlers, l'évêque consentit à se réconcilier, mais il désira que ce fût dans une maison schismatique. Le P. Martinos répondit par un *non* formel et Basile se vit forcé d'accepter la cérémonie chez un catholique, en présence des notables catholiques. Basile remit donc les deux barrettes, mais il dut remettre la sienne à ses frais, car personne ne s'offrit à la remplacer.

Quelque temps après, il rencontra son antagoniste :
« — Vous êtes un héros, lui dit-il, je vous ai beaucoup « admiré. Eh bien, si vous voulez, restez avec moi. Si « vous consentez à entrer dans notre sainte Eglise Ortho- « doxe, je vous ferai Archimandrite et vous comblerai « de bienfaits.....
« — Eh ! répond le P. Martinos, je crois que vous avez « oublié qui je suis... *Sachez que je suis l'amorce et que « vous, vous êtes le poisson.* C'est donc à moi de vous « attraper..... »
Puis, lui tournant le dos, le Père partit brusquement, laissant le pauvre Basile tout étourdi de cette réponse.
Cette affaire n'en resta pas là, car le Grand Gouverneur, sur les instances de S. E. M. le comte de Sercey, Consul général de France à Beyrouth, lança de terribles menaces contre l'évêque et la nation schismatiques :
« — Je prendrai, avait-il dit à Monseigneur, cette « affaire en très-haute importance. »

De son côté Monseigneur voulut défendre les siens, coûte que coûte, en faisant pétitions sur pétitions au Grand Gouverneur, dont les ordres furent ponctuellement exécutés.
Que fit Basile ? Il alla cacher sa honte au fond de sa maison à Cheik-Thabahr (Ackar), et resta tranquille jusqu'en février 1904.
A cette époque, il agit de nouveau ; pas ouvertement, toutefois. Il envoya de ses affiliés, qui aggravèrent la situation. Pour commencer, Basile écrivit une lettre au Gouvernement. Il y disait que des intrus venaient dans son diocèse, revêtus de soutanes comme les prêtres orthodoxes, y semer le trouble et le désordre. *Il demandait qu'on exilât les curés catholiques, pour les jeter ensuite en prison.*

Le Gouvernement ne fit aucun cas de sa lettre, et avertit indirectement Monseigneur, qui attendait les événements pour agir selon le droit et la justice.

Un horrible mensonge !

Vaincu de ce côté, Basile se rabattit sur le curé catholique de Rabath, le P. Germanos. Il accusa ce prêtre d'avoir fait avorter une femme en la frappant; et, sachant bien qu'on n'allait pas l'écouter, il complota avec ses gens, qui se chargèrent eux-mêmes de cette nouvelle affaire.

Cette fois, le Gouvernement crut à la réalité des choses et fit une enquête.

Mais où donc était la femme avortée ? Basile avait oublié de la nommer, ou plutôt de lui forger un nom. Voici ce qui s'était passé :

Un dimanche soir, le P. Germanos se trouvait parmi plusieurs catholiques et quelques schismatiques. Un de ces derniers, fortement aviné, insulta le Pape, l'Eglise, et dit des horreurs. Le P. Germanos l'invita au silence, et, sur son refus, le mit à la porte. Cet individu inventa tout de suite l'histoire de la femme avortée et ameuta le village tout entier contre le curé catholique (1), qui se défendit vaillamment et qui, armé d'une massue, abattit une vingtaine de jeunes gens et tint le village tout entier en respect.

Malgré sa victoire, notre héros, se voyant menacé, alla à Cheik-Mohammed, d'où il décrivit la situation à Monseigneur. Aussitôt le Grand Gouverneur fut avisé par télégramme, et envoya au gouverneur de Tripoli des ordres sévères pour arrêter les coupables, qui payèrent très chèrement leur escapade. Quant à Basile, on apprit qu'il avait été le principal moteur de cette échauffourée.

(1) Un jour, à l'évêché, nous avons voulu mettre sa force à l'épreuve : nous lui avons donné une pièce de monnaie pour la briser. Il la prit, en effet, et sous nos yeux, sans le moindre effort, il rompit cette pièce en quatre. Or, la pièce était de la taille de notre pièce de cinq francs : jugez un peu.

Le gouverneur lui intima l'ordre de rentrer chez lui et de ne plus en sortir ; à la moindre infraction, il le poursuivrait rigoureusement.

Depuis, Basile ne souffle plus mot : il venait, au même moment, d'être attaqué par les Musulmans, qui lui ont enlevé un village.

Les Musulmans enlèvent un village à Basile.

Cette affaire, la dernière, fut plus grave encore.

Dans un village, appelé *Zweitiné,* il y avait une propriété appartenant à Mgr Nicodème, évêque orthodoxe, prédécesseur de l'évêque actuel.

Nicodème s'étant absenté pendant plus de quatre ans, soit pour l'élection du Patriarche, soit pour l'affaire des Bachours, le Gouvernement demanda chaque année aux fermiers les impôts des terrains.

Embarrassés, les fermiers déclarèrent, en s'excusant, que, n'étant pas les propriétaires, ils n'étaient pas obligés de payer les impôts que réclamait le Gouvernement.

Sur ces entrefaites, un riche musulman, *Mohammed Rachid Bey,* renommé par tout le pays pour son équité et son excellent cœur, et, d'ailleurs, propriétaire voisin des terrains en question, intervint et proposa de payer lui-même les impôts. Cette intervention fut acceptée. Rachid Bey acquitta la dette, et, conséquence naturelle, fit main basse sur les propriétés de l'évêque Nicodème.

A son arrivée, Basile demanda à Rachid Bey pourquoi il avait pris les terrains et en avait retenu les produits.

« — C'est, répondit Rachid Bey, qu'il y a à régler un « compte entre vous et moi. Puisque le Gouvernement « importunait vos fermiers en leur demandant les impôts « tous les ans, et les menaçait de la prison, j'ai cru « devoir intervenir et faire un acte de charité et d'hu- « manité, soit pour vous, soit pour vos fermiers, en « payant les impôts, et j'ai attendu votre arrivée pour « établir le compte que voici : Les produits de cinq ans « de vos terrains sont de 12.000 fr. J'ai payé au Gouver-

« nement, contre reçu, tout ce que vous lui deviez « jusqu'à aujourd'hui, soit 6.000 fr. Il vous reste donc « 6.000 fr., que je suis prêt à vous remettre.

« — Comment ? qu'est-ce que cela veut dire ? répond « Basile, rouge de colère. Non, je n'accepte pas une « pareille proposition. *Je ne reconnais pas votre acte de « charité et d'humanité,* puisque je ne vous ai pas prié « de payer ces impôts pour moi, ni de défendre mes « fermiers. Vous n'avez pas besoin de vous mêler de « mes affaires ; par conséquent, vous devez me payer « les bénéfices de mes terres, *qui sont de* 20.000 fr. *au « lieu de* 12.000 ! »

Cette réponse, aussi indiscrète qu'injuste, mit Rachid Bey en colère :

« — Puisque vous appréciez si mal ce que j'ai fait par « humanité et par charité, je romps immédiatement avec « vous, et le Gouvernement sera entre vous et moi pour « trancher cette question. »

Aussitôt, et avec confiance, Basile ouvrit le procès ; il s'en trouva fort mal, car il le perdit.

Rachid Bey, plus habile, prouva que la propriété appartenait à S. M. le Sultan, et que ni l'évêque ni son prédécesseur n'avaient aucun droit de se l'approprier ; puis, qu'ils ne lui *devaient rien.* »

Le Gouvernement approuva le musulman et prononça la sentence :

« — La propriété, déclara-t-il, appartient à S. M. le « Sultan ; en outre, Mohammed Rachid Bey ne devra « rien payer à M. l'évêque Basile, puisque le susnommé « a payé les impôts dus au Gouvernement. »

L'évêque Basile perdit donc son procès, il dut payer 1.000 francs pour les frais ; au lieu que, s'il avait été juste et loyal, il aurait d'abord remercié Rachid Bey, puis traité avec lui cette affaire en ami.

Mais, au lieu de gagner et les revenus et les terrains, *il perdit tout, ainsi que son honneur,* vis-à-vis du Gouvernement, et des Musulmans, qui le détestent de plus en plus depuis cette affaire.

CONCLUSION

Pendant que cet évêque s'embrouillait avec ses vilaines affaires, Monseigneur gagnait du terrain : d'un côté, il s'attirait les faveurs du Gouvernement par sa conduite respectueuse, par son action énergique ; de l'autre, il favorisait les Conversions, toujours croissantes. Les espérances sont très grandes, car les deux nations, depuis tant de siècles séparées, tendent à un rapprochement, malgré les folies de l'évêque d'Ackar.

« — Nous adhérons, dit récemment un prélat ortho-
« doxe, aux vœux de l'Eglise Catholique en faveur de
« notre retour ; moi aussi, j'espère beaucoup que le jour
« n'est pas loin où il n'y aura plus qu'un seul et même
« troupeau sous l'égide d'un seul et même pasteur. »

Ces paroles d'un prince de l'Eglise Orthodoxe ont une très haute portée ; cependant, il y a encore de l'obstination chez quelques-uns, qui continuent à exploiter le pauvre peuple et à persécuter les Catholiques.

Mais, hâtons-nous de le dire, cette persécution a fait un grand bien, et les néo-convertis sont sortis victorieux et grandis dans la Foi catholique.

Hélas ! combien de sacrifices, de peines, d'angoisses, auxquels s'est ajouté un *deuil profond, qui vient de frapper le digne Prélat et sa famille !*

La vénérable mère de Monseigneur a été ravie, à l'âge de quatre-vingt-seize ans, à l'affection de ceux qui lui étaient si chers. La peine a été beaucoup plus sensible pour Monseigneur, parce que ses nombreux travaux l'ont empêché de l'assister à ses derniers moments.

A cette date, la vie du diocèse était en jeu ; les charges devenaient écrasantes, la persécution redoublait de violence ; il fallait assurer l'existence du clergé, protéger et soutenir les écoles, construire des églises, remédier enfin à une foule de nécessités, et tout cela avec le peu de ressources dont Monseigneur dispose.

Voici le tableau résumé des dépenses et recettes de cette année 1904 :

Recettes.

	Fr.
De N. T. S. P. le Pape Pie X	3.000
De Sa Béatitude Mgr Géha	2.500
Allocation annuelle du Gouvernement français	300
Allocation annuelle de l'Œuvre des Ecoles d'Orient	400
Des Bienfaiteurs et Bienfaitrices français	4.500
» » suisses	2.300
» » belges, allemands, espagnols	800
Legs de feu Mme B. Doumani, la vénérable mère de Monseigneur, pour ses œuvres	3.500
Des parents et amis particuliers	4.700
Total	22.000

Dépenses.

	Fr.
Déficit de l'année 1903	10.800
Prix d'une maison attenante à l'Evêché	6.000
Restauration de ladite maison	2.000
Etablissement d'un clocher et d'une cloche à Cheik-Mohammed	1.000
Visite pastorale de 1904	1.600
Crépissage et pavage de l'église de Rabath	600
Entretien du personnel de l'Evêché	2.000
Entretien des écoles du Diocèse	4.000
Annuels aux Curés	2.000
Total	30.000

Balance.

Dépenses	30.000 fr.
Recettes	22.000 fr.
Déficit	8.000 fr.

Ces chiffres sont par eux-mêmes assez éloquents ; les charges augmentent, mais le Diocèse prospère peu à peu.

Favoriser cet élan de retour à l'Église de Notre-Seigneur Jésus-Christ est, à l'heure actuelle, un devoir du chrétien, et c'est ainsi entrer dans les vues de notre bien-aimé Père commun Sa Sainteté Pie X, glorieusement régnant, qui ne fait en cela que réaliser les plus chers désirs de son auguste prédécesseur, de sainte mémoire.

Cette pensée a été comprise par Son Excellence M. le Consul général de France à Beyrouth, et par Son Excellence M. Santi, consul de France à Tripoli. Ces deux éminents représentants de la France ont droit à notre plus vive reconnaissance, ainsi qu'à celle de la nation entière. Nous les remercions de tout notre cœur des vaillants efforts qu'ils ont faits pour défendre la cause des Catholiques.

Notre reconnaissance s'étend à Son Excellence le Pacha, Grand Gouverneur de Beyrouth; ce très digne représentant de Sa Majesté Impériale, d'une haute impartialité, a su rendre justice envers et contre tous, avec une incroyable énergie.

Dans ses pénibles travaux d'apostolat, Monseigneur a été secondé et encouragé par les RR. PP. Jésuites, qui, dès avant le début de son épiscopat, ont *beaucoup* favorisé l'œuvre des conversions. Mais, hélas! à leur grand regret, ils ont dû l'abandonner. Quand le très digne et saint missionnaire, le R. P. Barnier, vint à mourir, ils se trouvèrent privés et de sujets et de ressources.

Cependant, Monseigneur leur en a toujours gardé une fidèle reconnaissance, et, ne pouvant se passer de cette armée auxiliaire de l'Église, il s'adressa aux RR. Pères Lazaristes, qui eux aussi manquaient de sujets. Le très excellent Père Supérieur s'excusa et promit enfin d'aider Monseigneur dans sa tâche et d'essayer de faire des missions l'an prochain.

Nous ne devons pas non plus oublier les chères Sœurs de Saint-Vincent de Paul, si justement appelées par les Musulmans « les Anges de la Charité. » Malgré leurs charges, malgré leur manque de ressources, elles ont voulu contribuer au succès final des Œuvres de Monseigneur. C'est ainsi qu'elles ont recueilli les petites orphelines que Sa Grandeur leur avait envoyées, et qu'elles donnent gratuitement les remèdes au personnel de l'Evêché. Elles soignent tout le monde, sans distinction de religion, à Tripoli. Que le Bon Dieu bénisse ces saintes femmes !

A la suite des Religieuses, des âmes d'élite de deux nations sœurs, la France et la Suisse, ont rivalisé de générosité, mélangé d'un certain orgueil national ; elles aiment vraiment et sincèrement l'heureux Prélat : elles applaudissent à ses triomphes, elles compatissent à ses douleurs.

Tout en les remerciant au nom de Monseigneur, au nom de la nation entière, en mon nom personnel, je les prie de bien vouloir continuer leur charité et de venir en aide aux zélés soldats du Christ, ces prêtres du diocèse qui seront très heureux de recevoir quelques intentions de messes, la seule ressource, ou à peu près, de leur humble subsistance ; ils promettent un prompt et fidèle acquittement. Avec reconnaissance aussi, ils accepteront des dons en nature qui pourront être utiles au service du culte, etc.

***

Et maintenant, Ami lecteur, après que vous aurez lu cet opuscule, écrit par une plume encore inexpérimentée et dont l'auteur a vu lui-même de ses propres yeux les misères qu'il raconte, recueillez-vous un moment, et songez aux joies et aux tristesses de notre Mère la sainte Eglise ; songez aux fatigues de Monseigneur l'Evêque de Tripoli, qui sacrifie sa vie, sa nourriture, qui ne repose que sur une planche, à l'instar des Ignace de Loyola, des François d'Assise, des Vincent de Paul ; « car, me « disait-il encore en rentrant de visite pastorale, com- « ment aurais-je le cœur assez dur pour dormir dans un « bon lit, alors que tant de malheureux sans abri repo- « sent sur la pierre !... »

Songez à cet entier désintéressement de soi-même, songez à tout cela, et votre cœur saignera devant tant de souffrances.

Je sais que les temps actuels sont très difficiles : l'enfer redouble d'une façon inouïe ses violences contre l'Eglise, les charges sont lourdes, la situation est lamentable. Oui, je le sais, mais Notre-Seigneur Jésus-Christ a dit lui-même que celui qui donnera à un plus pauvre que lui une parcelle de ce qu'il possède, recevra au centuple les dons qu'il aura faits.

Si minime qu'elle soit, envoyez donc votre obole au grand Pasteur de Tripoli : elle sera agréable à Dieu, qui vous en bénira. Et nous, en remerciant le Seigneur pour les biens spirituels et temporels qu'il nous a ménagés et nous ménage encore au milieu des épreuves actuelles, offrons-nous à lui de tout notre cœur, en lui disant :

« Seigneur Jésus ! aidez-nous à travailler à l'extension « de votre règne, à vous faire connaître et aimer par « toutes les âmes, afin de pouvoir vous bénir un jour « avec elles au Ciel, dans l'éternité. »

Ainsi soit-il !

Abbé Anatole Méseray,

Secrétaire
de Mgr l'Evêque de Tripoli de Syrie.

TABLE DES MATIÈRES

Pages.

BAR-LE-DUC — IMPRIMERIE SAINT-PAUL
36, RUE DE LA BANQUE, 36

www.ingramcontent.com/pod-product-compliance
Lightning Source LLC
LaVergne TN
LVHW020412230826
846091LV00004B/1257
9782012831100